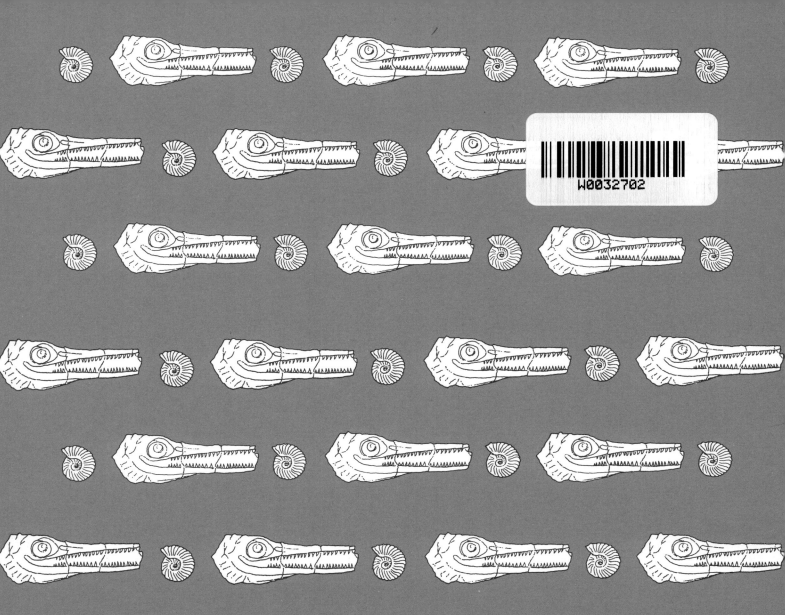

FOSSILIEN

Sehen · Staunen · Wissen

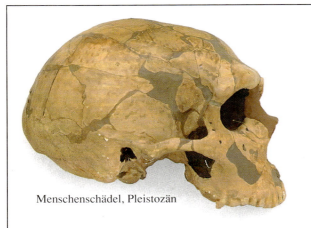
Menschenschädel, Pleistozän

Schnecken, Eozän

Fisch, Eozän

Schwimmreptil, Trias

Fingerknochen eines Dinosauriers, Kreide

Schlangenstern, Jura

Zapfen (polierter Längsschnitt), Kreide

Zapfen, Kreide

Nautiloid (Schliffform), Ordovicium

Seeigel, Jura

Schachtelhalm, Karbon

Heutiger Schachtelhalm

Haizahn, Eozän

Koralle, Pleistozän

Farn, Karbon

Ammonit (Schlangenstein), Jura

FOSSILIEN

Fußabdruck eines Dinosauriers, Trias

Die geheimnisvolle Welt der Versteinerungen
Entstehung, Alter, Fundorte

Text von Paul D. Taylor

Bärlapp, Karbon

Armfüßer, Silur

Pilgermuschel, Pliozän

Baumfarn (polierter Querschnitt), Perm

Fische, Eozän

Flintaxt, Pleistozän

Moderne Koralle

Koralle, Pleistozän

Gerstenberg Verlag

Dinosaurierzahn, Kreide

Ammonit, Jura

Spinne, Karbon

Seeigel, Pleistozän

Opalisierte Muschel, *(links)* und Schnecke *(rechts)*, Kreide

Moostierchen, Jura

Koralle, Jura (polierter Querschnitt)

Wurmröhre, Kreide

Korallen, Miozän

Schnecken, Pleistozän

CIP-Titelaufnahme der Deutschen Bibliothek

Fossilien:
die geheimnisvolle Welt der Versteinerungen;
Entstehung, Alter, Fundorte / Text von Paul D. Taylor.
[Fotogr.: Colin Keates. Aus dem Engl. übers. u. bearb. von Margot Wilhelmi].
2. Aufl. – Hildesheim: Gerstenberg, 1992
(Sehen, Staunen, Wissen)
Einheitssacht.: Fossil <dt.>
ISBN 3-8067-4415-7
NE: Taylor, Paul D. [Mitverf.]; Keates, Colin [Ill.]; Wilhelmi, Margot [Bearb.]; EST

Mikroskop (19.Jh.) zur Dünnschliffuntersuchung

2. Auflage 1992
Ein Dorling-Kindersley-Buch; Originaltitel: Eyewitness Guides: Fossil
Copyright ©1990 Dorling Kindersley Ltd., London
Projektleitung: Louise Pritchard
Lektorat: Sophie Mitchell, Sue Unstead
Layout und Gestaltung: Alison Anholt-White, Julia Harris, Anne-Marie Bulat
Fotografie: Colin Keates (Natural History Museum, London)

Aus dem Englischen übersetzt und bearbeitet von Margot Wilhelmi, Sulingen
Deutsche Ausgabe Copyright ©1990 Gerstenberg Verlag, Hildesheim

Alle Rechte der Vervielfältigung und Verbreitung einschließlich Film, Funk und Fernsehen sowie der Fotokopie, Mikrokopie und der Verarbeitung mit Hilfe der EDV vorbehalten. Auch auszugsweise Veröffentlichungen außerhalb der engen Grenzen des Urheberrechts- und Verlagsgesetzes bedürfen der schriftlichen Zustimmung des Verlages.

Satz: Gerstenberg Druck, Hildesheim
Printed in Singapore
ISBN 3-8067-4415-7

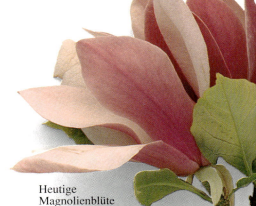
Seelilie, Silur

Fledermauskiefer, Miozän

Dünnschliff von Moostierchen aus der Kreide

Heutige Magnolienblüte

Inhalt

Ammoniten, Jura

Trilobit (als Brosche gefaßt), Silur

Echte und falsche Fossilien
6
Gesteinsbildung
8
Versteinerung
10
Die Welt im Wandel
12
Frühe Paläontologie
14
Fossilien im Volksglauben
16
Fossilien der Zukunft
18
Seltene Funde
20
Korallen
22
Meeresbodenbewohner
24
Muscheln und Schnecken
26
Intelligente Weichtiere
28
Gepanzerte Tiere
30
Arme und Stacheln
32
Fische
34
Pflanzen
36

Fossile Brennstoffe
40
Vom Wasser...
42
...aufs Land
44
Meeresechsen
46
Fossile Riesen
48
Entdeckung der Dinosaurier
50
Geflügelte Naturwunder
52
Säugetiere
54
Eine Welt für sich
56
Menschenfossilien
58
Lebende Fossilien
60
Auf Fossilienjagd
62
Index
64

Echte und falsche Fossilien

RÄTSELHAFTER FUND
Seit vielen Jahrhunderten sammeln Menschen Fossilien. Doch erst seit etwa 300 Jahren deutet man sie als versteinerte Lebewesen (Illustration aus einem italienischen Buch von 1670).

Fossilien - das ist die rätselhafte Welt versteinerter Pflanzen und Tiere. Hierzu gehören die riesigen Dinosaurierskelette ebenso wie die Versteinerungen mikroskopisch kleiner Organismen. Die meisten Fossilien entstehen aus harten Teilen der Lebewesen, aus Schalen, Knochen, Zähnen oder Holz. Sie können unverändert vorliegen oder durch Mineralien ersetzt versteinert sein. Tiere und Pflanzen sind auch im Moor, in Asphalt, Eis oder in Bernstein, dem Harz urzeitlicher Bäume, erhalten. Auch Eier, Fußabdrücke und Wohnhöhlen findet man fossil. Die Fossilienkunde, die Paläontologie, kennt Spuren von Leben auf der Erde, die mindestens 3,5 Milliarden Jahre alt sind. In dieser Zeitspanne entstand eine überwältigende Formenfülle von Pflanzen- und Tierarten, von denen die meisten heute ausgestorben sind. Nur wenige davon sind als Fossilien erhalten; sie geben uns einen kleinen Einblick in die faszinierenden Welten früherer Zeiten.

NUR KNOCHEN
Oft sind von Tieren nur die Knochen erhalten, denn diese sind am härtesten. Dieser fossile Wirbel stammt von einem Plesiosaurier, einem urzeitlichen schwimmenden Riesenreptil (S.46-47).

Panzer und Prägekern eines Trilobiten

FOSSILFORMEN
Hartteile können im ursprünglichen Zustand oder als Pseudomorphose (s.u.) erhalten sein. Mit Sediment ausgefüllte Hohlräume können zu Steinkernen aushärten.

ZARTE RARITÄT
Zarte Pflanzenteile sind selten erhalten, da sie schnell verwesen. Doch bei diesem Blatt sind sogar die Blattadern erkennbar.

SCHIMMERNDER AMMONIT
Die heute ausgestorbenen Ammoniten (S.28-29) besaßen harte Schalen aus dem Kalkmineral Aragonit, mit einer bunt schimmernden äußeren Perlmuttschicht. Dieser Ammonit ist nahezu im Originalzustand erhalten.

Plesiosaurierzahn

ZAHN
Zähne findet man oft fossil, da sie aus hartem Material bestehen.

WERTVOLLES HOLZ
Bei Pseudomorphosen sind Tier- oder Pflanzengewebe durch Mineralien ersetzt. Das Gewebe dieses fossilen Holzes wurde durch Opal ersetzt.

URZEITLICHE SPUR
Spurenfossilien wie diese versteinerte Fährte eines Tieres, das vor Jahrmillionen über den Meeresboden lief, liefern Anhaltspunkte für das Verhalten von Tieren.

KEIN FOSSIL!
Früher bezeichnete man alle aus der Erde ausgegrabenen Dinge, auch Mineralien und antike Reste wie diesen ägyptischen Topf, als Fossilien (von lat. „fodere"=graben). Heute bezieht sich der Begriff nur auf versteinerte Reste und Spuren von Lebewesen.

Hier fehlen Bruchstücke.

LEICHT ZU VERWECHSELN
Dieses "Menschenbein" und der "Entenkopf" sind keine Fossilien! Es handelt sich um Feuersteinknollen, die in Kalkstein vorkommen. Diese z.T. recht eigenartig geformten Knollen werden oft für Fossilien gehalten.

Feuerstein-"Entenkopf"

Feuerstein-"Bein"

PSEUDOFOSSIL
Gebilde wie diese Dendriten aus in den Stein gewachsenen Mangankristallen sind keine Fossilien.

TIER ODER PFLANZE?
Die Abbildung zeigt ein Mineral, keine tierische oder pflanzliche Versteinerung.

"Weintrauben" *"Tintenfischartiges Tier"*

DICHT AN DICHT
Manchmal findet man Fossilien in großer Dichte (hier: Ammoniten in Kalkstein), weil die versteinerten Tiere in Massen auftraten.

"LÜGENSTEINE"
In den 20er Jahren des 17. Jh., als die Bedeutung von Fossilien noch unklar war, wurden diese "Fossilien" in Stein gehauen und vergraben, um den Naturforscher Adam Beringer zu foppen. Er fiel auf die Fälschungen herein und veröffentliche Beschreibungen der Funde - eine Blamage, als der Schwindel aufflog.

Beringersche Lügensteine

Gesteinsbildung

Die vielen verschiedenen Gesteine unserer Erdkruste sind in über 4 Milliarden Jahren aus chemischen Elementen entstanden. Die wichtigsten gesteinsbildenden Elemente sind Sauerstoff, Silizium, Aluminium, Eisen, Kalzium, Natrium, Kalium, Magnesium und Kohlenstoff. Diese bilden in unterschiedlichen Verbindungen die verschiedenen Mineralien. Häufige gesteinsbildende Mineralien sind Kalkspat (Kalziumkarbonat), Quarz (Siliziumdioxid) und Feldspate (Verbindungen aus Aluminium, Silizium, Kalzium, Natrium und Kalium). Bei den Gesteinen unterscheidet man drei Typen: Erstarrungsgesteine, metamorphe und Sedimentgesteine.

AMETHYST
Amethyst ist die rote Variante des Minerals Quarz. Frei wachsende Quarzkristalle sind spitz und hexagonal (sechskantig).

GESTEINSFALTEN
Durch heftige Bewegungen der Erdkruste kann das Gestein bersten, so daß Spalten entstehen, oder wie hier zu Falten aufgeworfen werden.

Feldspat *Glimmer* *Quarz*

Granit-Dünnschliff

Schwarzer Glimmer
Glasartiger Quarz
Weißer Feldspat

GRANIT
Granit ist ein Erstarrungsgestein, das in großen Tiefen entsteht. Die Sprenkeln stellen verschiedene Mineralien dar.

Magmagestein

Erstarrungsgesteine entstehen durch das Abkühlen flüssiger Magma aus dem Erdinneren. Nach einem Vulkanausbruch erkaltet die Lava erst an der Erdoberfläche. Doch meist erfolgt der Erstarrungsprozeß tief unter der Erde.

SCHICHT AUF SCHICHT
Der Grand Canyon entstand durch Erosion von Sand- und Kalkstein. Er stellt einen natürlichen Schnitt durch die Erdkruste dar: die älteste Schicht befindet sich unten, die jüngste oben.

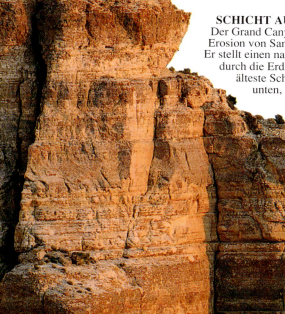

Verdrehter Trilobit

VERDREHTER TRILOBIT
Metamorphe Gesteine wie Schiefer können deformierte Fossilien enthalten.

Glimmerreiche Schicht
Quarzreiche Schicht

SCHIEFER
Parallele Schichten sind typisch für metamorphe Gesteine. Schiefer entsteht aus Ton oder Schlamm.

Gesteinswandel

Hohe Temperaturen und Drucke können Gesteine in neue Gesteinsarten umwandeln, in metamorphe Gesteine. Marmor ist ein umgewandelter Kalkstein, Schiefer ein umgewandelter Ton.

Quarzschicht
Silikatschicht

Schiefer-Dünnschliff

Eine Warve
Feine Ablagerung
Grobe Ablagerung

BÄNDERTON
Schichtbildung in viel kleinerem Ausmaß als beim Grand Canyon zeigt dieses Sedimentgestein. Je eine helle und eine dunkle Schicht bilden die Ablagerungs- und Anschwemmschicht eines Jahres an Sand und Schlamm, eine Warve. Solche klar unterscheidbaren jahreszeitlichen Bänderungen sind selten.

KREIDEKLIPPEN
Kreide ist ein reinweißes Kalkgestein aus den Skeletten winziger Meereslebewesen.

TRÜMMERGESTEIN
Dieses grobe Sedimentgestein besteht aus abgerundeten, von einem natürlichen mineralischen Zement zusammengehaltenen Kieseln. Konglomeratgestein ähnelt oft Beton.

Kiesel

Natürlicher Zement

Lose Sandkörner

Sandstein

Quarz

Eisenreicher Zement

Ablagerungsgestein

Bei der Erosion von Gesteinen entstehende Körnchen werden von Flüssen, vom Meer oder vom Wind weggetragen und zusammen mit tierischen und pflanzlichen Resten als Schlamm, Sand oder gröberes Material abgelagert. Diese Sedimente werden von immer neuen Ablagerungen bedeckt und verdichtet, Kristallwachstum verfestigt die Körnchen, es entsteht Sedimentgestein. Sandstein ist ein Sedimentgestein aus verdichtetem, verfestigtem Sand.

Sandstein-Dünnschliff

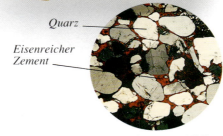

Pilgermuschel

FOSSILIENTRÄGER
Viele Sedimentgesteine enthalten harte Klumpen. Diese sogenannten Konkretionen bildeten sich nach der Ablagerung oft um fossile Schalen wie diese Muschelschale (S.26).

FELS ZU FELS
Von Sedimentgesteinklippen abgetragene Teilchen werden am Strand abgelagert und von Wind und Wellen weiter zerkleinert: eine Grundlage für neues Sedimentgestein.

Muschelfragment

Kalkstein-Dünnschliff

Kleinste Schalenbruchstücke

FOSSILIENHALTIGES GESTEIN
Das Sedimentgestein Kalkstein besteht in der Hauptsache aus Kalkspat und wenigen anderen ähnlichen Kalziumkarbonatmineralien. Kalkspat entsteht in der Regel aus den zerkleinerten Schalen und Skeletten von Meerespflanzen und -tieren. Oft findet man auch größere Tierschalen. Kalkstein ist daher für Fossiliensammler sehr ergiebig. Dieser Kalkstein aus dem Silur enthält fossile Armfüßer (S.24-25).

Fossiler Armfüßer

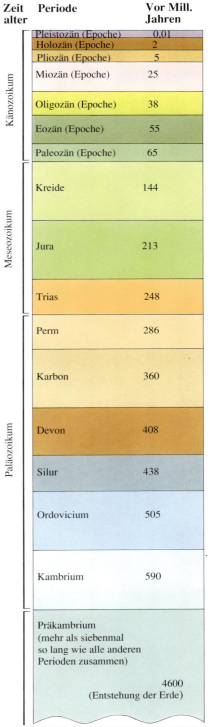

Zeitalter	Periode	Vor Mill. Jahren
Känozoikum	Pleistozän (Epoche)	0,01
	Holozän (Epoche)	2
	Pliozän (Epoche)	5
	Miozän (Epoche)	25
	Oligozän (Epoche)	38
	Eozän (Epoche)	55
	Paleozän (Epoche)	65
Meseozoikum	Kreide	144
	Jura	213
	Trias	248
Paläozoikum	Perm	286
	Karbon	360
	Devon	408
	Silur	438
	Ordovicium	505
	Kambrium	590
	Präkambrium (mehr als siebenmal so lang wie alle anderen Perioden zusammen)	
		4600 (Entstehung der Erde)

STRATIGRAPHISCHE TABELLE
Die Datierung und Einordnung von Gesteinen und Fossilien erfolgt nach Zeitaltern, Perioden und Epochen.

Versteinerung

Die Versteinerung eines Lebewesens erfordert Jahrmillionen. Ob ein Lebewesen fossil erhalten bleibt, ist von vielen Zufällen abhängig. In der Regel werden Pflanzen und Tiere nach ihrem Tod zersetzt. Harte Bestandteile wie Muschelschalen, Knochen und Zähne oder Holz verwesen nicht so schnell wie die weichen Gewebe, werden jedoch oft von Tieren, vom Wind oder von Wasserströmungen verstreut. Für die Fossilbildung ist eine Einbettung noch vor Eintritt der Verwesung wichtig. Meist erfolgt dies durch Sedimente wie Sand oder Schlamm, die vom Wasser angeschwemmt werden. Manche Fossilen werden später doch zersetzt, andere chemisch verändert oder durch hohe Drucke und Temperaturen verformt. Nur wenige bleiben gut erhalten. Die Miesmuschel ist ein gutes Beispiel, um den Versteinerungsprozeß zu zeigen.

ERDBEWEGUNGEN
Bewegungen der Erdkruste und Erosion über Jahrmillionen bringen urzeitliche Fossilen ans Tageslicht.

2 VERWESENDE MUSCHEL
Stirbt eine Miesmuschel, so öffnen sich die beiden Schalenhälften zur "Schmetterlingsform". Die Weichteile in der Schale verwesen oder werden von Aasfressern verzehrt.

Lebende Miesmuschel

Byssusfäden

1 LEBENDE MUSCHEL
Miesmuscheln leben auf Felsen und anderen festen Untergründen, an denen sie sich mit ihren Byssusfäden festheften. Die beiden Schalenklappen schützen die Weichteile des Tieres. Miesmuscheln verbringen meist ihr ganzes Leben an einer Stelle, dicht an dicht in sogenannten Muschelbänken.

FOSSILWERDUNG UND -ENTDECKUNG
Diese vier Zeichnungen zeigen, wie Tiere versteinern und Jahrmillionen später entdeckt werden können. Das Klima und die Gestalt der Erdkruste können sich in dieser Zeit ebenso drastisch verändern wie die Tier- und Pflanzenwelt.

1. Tote Tiere sinken auf den Meeresboden, die Reste werden mit Sediment bedeckt.

2. Die unteren Sedimentschichten werden zu Stein, die Tierreste zu Fossilien.

3. Das Gestein wird aufgeworfen und abgetragen.

4. Die Fossilien treten zutage.

Die Weichteile sind verwest.

3 DIE HARTE SCHALE BLEIBT
Nach der Verwesung der Weichteile bleibt die harte Schale der Miesmuschel übrig.

Abgetrennte Schale

4 AUF DEM WEG ZUM FOSSIL
Wasserströmungen tragen Muschelschalen und Schneckengehäuse zusammen mit kleineren Kieseln gehäuft an sogenannte Muschelstrände. Bei den hier abgebildeten Miesmuscheln werden die Schalenhälften z.T. noch durch ein festes Gewebeband, das Ligament, zusammengehalten. Bei anderen ist das Ligament zerstört, die Schalenhälften sind auseinandergerissen. Ablagerungen begraben von der Brandung zertrümmerte und intakte Schalen, die nun versteinern können.

Das kräftige Ligament hält die Schalenhälften zusammen.

Fossile Miesmuschelschale

5 FOSSILE MUSCHELN
Hier hält ein natürlicher mineralischer Zement Sedimentkörner und viele kleine fossile Miesmuscheln zusammen, so daß man die einzelnen Fossilien nur schwer herauslösen kann.

FOSSIL IN FARBE
Bei einigen dieser etwa zwei Millionen Jahre alten fossilen Muscheln ist die blaue Schalenfarbe noch erkennbar.

FARBVERLUST
Farben bleiben selten fossil erhalten. Diese Fossilien erhielten ihre braune Färbung vom Gestein, in dem sie eingebettet sind.

Die Welt im Wandel

Seit ihrer Entstehung vor 4600 Millionen Jahren (M.J.) war die Erde ständigen Veränderungen unterworfen. Die Erdkruste besteht aus mehreren Platten, die sich gegeneinander verschieben. Die meisten Erdbeben und Vulkanausbrüche treten entlang der Spalten zwischen diesen Platten auf. Die Gesamteffekte vieler kleiner Plattenverschiebungen haben die Verschiebungen der Kontinente über den Erdball (Kontinentaldrift) bewirkt, ihr Auseinanderbrechen oder die Gebirgsbildung durch Zusammenprallen der Kontinente. Auch heute noch driften die Kontinente. Nordamerika z.B. entfernt sich pro Jahr 2 cm von Europa. Der Meeresspiegel und das Klima waren ebenfalls häufigen Veränderungen unterworfen. Daher findet man Fossilien von Meerestieren im Binnenland und fossile Tropenpflanzen in kalten Klimazonen. Die Karten zeigen die Gestalt der Erde in vier Stadien der Erdgeschichte. Die Fossilien stellen eine Auswahl der Lebensformen in den jeweiligen Stadien dar, auf viele kommen wir später noch einmal zurück.

STÄNDIGE VERÄNDERUNGEN
Die Erdbeben und Vulkanausbrüche neuerer Zeit, so das große Erdbeben in Lissabon, Portugal, 1755, zeigen auf dramatische Weise, daß sich die Kontinentalplatten noch immer bewegen.

DIE ÄLTESTEN FOSSILIEN
Die ältesten Fossilien, winzige bakterienähnliche Zellen, sind etwa 3500 Millionen Jahre alt. Vielzellige Tiere wie *Tribrachidium* (Australien) traten Ende des Präkambriums auf.

Trilobiten, Silur

Graptolithen, Silur

Schnecke, Silur

Armfüßer, Silur

Bellerophontid (ein Weichtier aus dem Karbon)

Koralle, Karbon

Fisch, Devon

Samenfarn, Karbon

Haarstern, Karbon

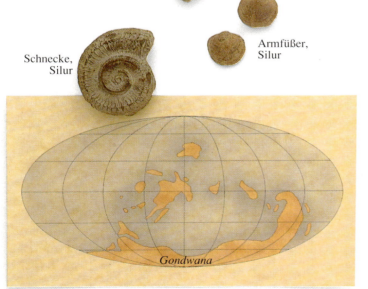

FRÜHES PALÄOZOIKUM (vor 590-409 M.J.)
Paläozoikum bedeutet "altes Leben". Während des frühen Paläozoikums (Kambrium, Ordovizium und Silur, S.9) erstreckte sich der riesige Gondwana-Kontinent über die südliche Polarregion. Leben gab es im frühen Paläozoikum hauptsächlich im Meer. Wirbellose Tiere beherrschten das Bild, doch es gab auch schon primitive Fische. Gegen Ende des Zeitalters entstanden die ersten Landpflanzen.

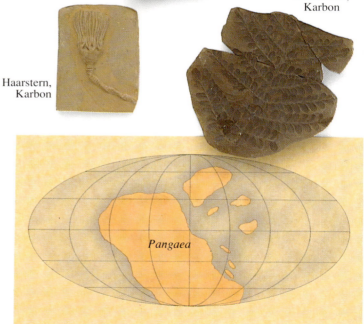

SPÄTES PALÄOZOIKUM (vor 408-249 M.J.)
Im späten Paläozoikum (Devon, Karbon, Perm) gab es schon vielfältiges Leben auf der Erde, deren Landmassen gegen Ende des Zeitalters weitgehend in dem gewaltigen Superkontinent Pangaea vereinigt waren. Amphibien, Reptilien, Insekten und andere Tiere besiedelten das Land, wo ihnen eine Vielfalt von Landpflanzen Nahrung bot. Gegen Ende des Paläozoikums aber starb ein Großteil der Lebewesen aus.

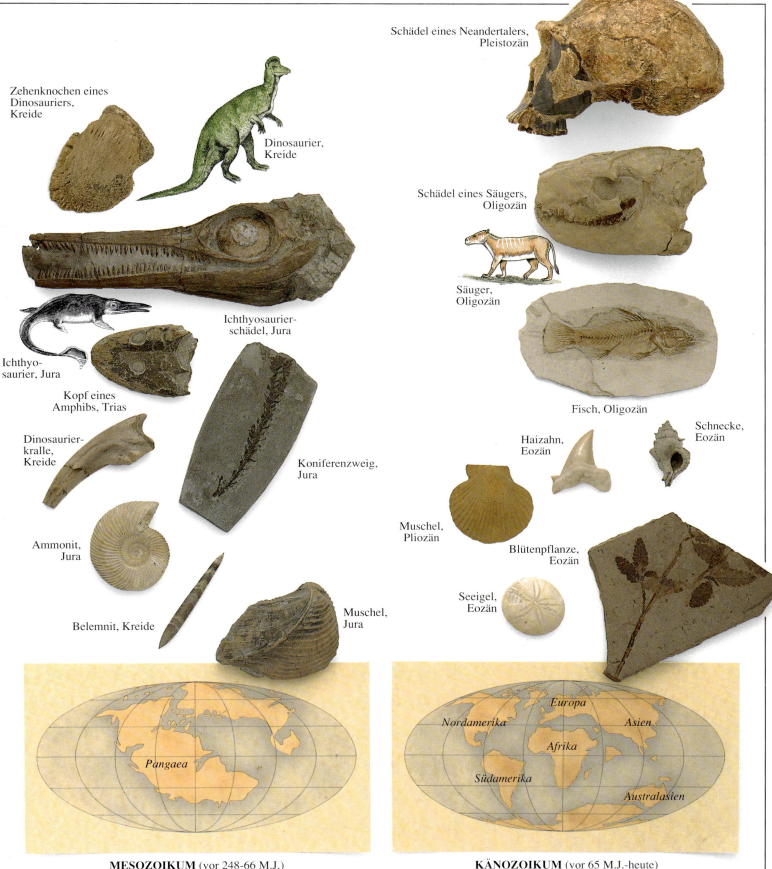

MESOZOIKUM (vor 248-66 M.J.)
Mesozoikum bedeutet "mittleres Leben". Das Mesozoikum (Kreide, Jura und Trias) gilt als das Zeitalter der Reptilien: Dinosaurier stapften über das Land, Pterosaurier schwebten durch die Lüfte, und Ichthyosaurier schwammen mit Ammoniten und Belemniten im Meer. Die ersten Blütenpflanzen und Säuger traten auf. Pangaea begann zu zerbrechen. Ende des Mesozoikums starben viele Arten aus.

KÄNOZOIKUM (vor 65 M.J.-heute)
Die heutige Welt entstand in den letzten 65 M.J., im Känozoikum (Paleozän bis Holozän). Känozoikum bedeutet "neues Leben". Indien driftete nach Norden und prallte mit Asien zusammen: der Himalaya wurde aufgeworfen. Säuger und Blütenpflanzen beherrschten zunehmend das Land, Knochenfische und Seeigel entwickelten die größte Artenvielfalt im Meer. Unsere Gattung, *Homo*, trat erstmals im Pleistozän auf.

Frühe Paläontologie

Ernstzunehmende Fossilienforschung wird erst seit etwa 300 Jahren betrieben, wenngleich es Hinweise gibt, daß griechische Philosophen wie Pythagoras Fossilien schon im 5. Jh. v.Chr. richtig deuteten. Während des Mittelalters hielten viele Wissenschaftler in Europa die Fossilien für das Produkt einer mysteriösen "plastischen Kraft" (*"vis plastica"*), die die Fossilien in der Erde formte. Daß es sich um versteinerte Überreste urzeitlicher Lebewesen handelt, wurde zuerst zweifelsfrei von Steno (unten) und anderen Wissenschaftlern des 17. Jahrhunderts bewiesen. Seither werden Fossilien zur Klärung geologischer Fragen herangezogen, u.a. zur relativen Altersbestimmung von Gesteinen. Die Evolutionsforschung kann anhand von Fossilien ausgestorbene Lebensformen sowie die Herkunft der heutigen Arten rekonstruieren. Auch heute noch spielt die Untersuchung von Fossilien eine große Rolle, und ständig gewinnen wir neue Erkenntnisse.

Deckblatt zum Museumskatalog des Naturforschers Johann Scheuchzer (1672-1733)

ZUNGENSTEINE
Fossile Haizähne aus känozoischen Gesteinen rund um das Mittelmeer waren bei Naturforschern als Zungensteine bekannt. Manche glaubten, daß sie aus dem Fels wüchsen, doch Steno und andere erkannten ihre wirkliche Herkunft.

STENO
Der Däne Niels Stensen (1638-1687), bekannt unter dem Namen Steno, war Arzt am Hof in Florenz. Er erkannte als einer der ersten, was Fossilien wirklich waren, als ihm 1667 die große Ähnlichkeit der Zähne eines gestrandeten Hais mit den Zungensteinen auffiel.

ARCHE NOAH
Die Bibel erzählt, wie Noah in seiner Arche die Tiere vor der Sintflut rettet. Viele Naturforscher, auch Steno, glaubten, daß die Sintflut Fossilien verbreitet und abgelagert hatte. So ließ sich erklären, daß man fossile Meeresmuscheln auf Bergen fand. (Scheuchzer deutete sogar ein Salamanderfossil als Skelett eines in der Sintflut ertrunkenen Menschen.)

REKONSTRUKTION EINES *PALAEOTHERIUM*
Cuvier untersuchte *Palaeotherium*knochen aus dem Eozängestein des Montmartre in Paris. Ein "Nachbau" ergab dieses tapierähnliche Säugetier.

Mahlzahn eines Pflanzenfressers

Fossiler Kiefer eines *Palaeotherium*

GEORGES CUVIER
Der französische Naturforscher Georges Cuvier (1769-1832) stellte zu Beginn seiner wissenschaftlichen Laufbahn fest, daß die einzelnen Teile eines Tierkörpers in einer engen Beziehung stehen; so sind z.B. alle Säuger mit Hörnern und Hufen Pflanzenfresser und haben daher auch Pflanzenfresserzähne. Diese Erkenntnis ermöglichte es, Tiere zu rekonstruieren, ihr Aussehen nachzubilden, wenn nur einzelne Knochen vorlagen. Cuvier erkannte auch, daß viele Fossilien von ausgestorbenen Arten stammten und entwickelte eine Theorie der Erdgeschichte, in der eine Folge von Katastrophen frühere Lebensformen auslöschte. Nach Cuvier war die letzte dieser Katastrophen die biblische Sintflut.

Die Harvard-Universität auf einem Stich aus dem 18. Jh.

LOUIS AGASSIZ

Der Naturforscher Louis Agassiz (1807-1873), ein gebürtiger Schweizer, wanderte in die USA aus. Er lehrte Biologie an der Harvard Universität und weckte dort als einer der ersten das Interesse an Paläontologie. Besonders bekannt wurde er durch seine ausführlichen Studien über fossile Fische. Cuviers Katastrophentheorie beeinflußte Agassiz stark. Allerdings deutete er einige jüngere Gebirge, die man früher auf die Sintflut zurückgeführt hatte, als Ablagerungen eiszeitlicher Gletscher des Pleistozäns.

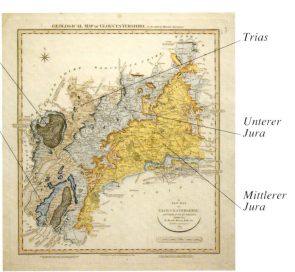

Oberes Karbon
Unteres Karbon
Trias
Unterer Jura
Mittlerer Jura

ERSTE BRAUCHBARE KARTE
Der englische Geologe William Smith zeichnete die erste brauchbare geologische Karte.

WILLIAM SMITH
Der Ingenieur und Landvermesser William Smith (1769-1839) sammelte Fossilien aus verschiedenen Gesteinsformationen in ganz England. Einige seiner Fossilienfunde sind hier abgebildet, zusammen mit Bildtafeln aus dem Buch, in dem er seine Funde aufzeichnete. Smith fiel auf, daß bestimmte Gesteinsschichten durch bestimmte Fossilienarten charakterisiert waren und folgerte daraus, daß Gesteine mit den gleichen Fossilien gleich alt sein mußten. Auch heute noch dienen sogenannte Leitfossilien zur Bestimmung des relativen Alters von Gesteinen.

Fossilien im Volksglauben

So sah ein Künstler den Teufel.

Seit mindestens 10 000 Jahren sind Fossilien eine wichtige Grundlage für Volks- und Aberglauben, Sagen und Legenden. Auch heute noch schreiben manche Menschen bestimmten Fossilien übernatürliche oder heilende Kräfte zu. Die ersten Menschen schätzten Fossilien wohl in erster Linie wegen ihrer Seltenheit und Schönheit. Die Herkunft der Versteinerungen blieb lange Zeit ein Rätsel, die abenteuerlichsten Vorstellungen entstanden. Sie fanden ihren Ausdruck in Sagen und Volksmärchen, die von Generation zu Generation überliefert wurden. Heute kennen wir die richtige Herkunft der Fossilien, doch ein Blick auf die Deutungen früherer Zeiten ist überaus interessant.

Ausgemeißelter Schlangenkopf

Schlangenstein (Ammonit)

Das Wappen von Whitby

Alte Münze aus Witby

SCHLANGENSTEINE
Ammoniten (S. 28-29) aus dem englischen Whitby hielt man für Schlangen, die die Äbtissin Hilda (7. Jh.) in Stein verwandelt hatte. Zur Stützung dieser Theorie wurden bei einigen Ammoniten die Mündungen zu einem Kopf verändert. Das Wappen von Whitby auf dieser alten Münze zeigt drei Schlangensteine.

DES TEUFELS ZEHENNAGEL
Die dicke gebogene Schale der Auster *Gryphaea* aus dem Jura wird auch heute noch mancherorts als "des Teufels Zehennagel" bezeichnet - und das, obwohl man dem Teufel einen Pferdefuß, also Hufe, zuschrieb!

Donnersteine (fossile Seeigel)

MAGISCHE STEINE
Um fossile Seeigel (S. 32-33) ranken sich viele Legenden. Mancherorts glaubte man, es handele sich um Donnersteine, die bei Gewitter vom Himmel fallen und das Sauerwerden der Milch verhindern. Von einigen hieß es, sie seien erhärtete Speichelkugeln, von verschlungenen Schlangen bei Sommersonnenwende in die Luft geworfen. Solch einer Kugel, in einem Tuch aufgefangen, schrieb man magische Kräfte zu.

KRÖTENSTEINE
Die glänzenden, knopfförmigen Zähne von *Lepidotes* (S. 35), einem Fisch aus dem Mesozoikum, vermutete man im Kopf von Kröten. Dieser Holzschnitt von 1497 zeigt, wie man sich die Entnahme vorstellte.

Holzschnitt von 1497

KRÖTENSTEIN-MEDIZIN
Im Mittelalter galten Krötensteine in Europa als Heilmittel gegen Epilepsie und bei Vergiftungen.

KRÖTENSTEINMÄRCHEN
Krötensteine zur medizinischen Verwendung mußten einer alten Kröte bei lebendigem Leib entnommen werden. Es hieß auch, daß die Kröten ihre Steine auswerfen, wenn man sie auf ein rotes Tuch setzt. Doch in Wahrheit haben Krötensteine nichts mit Kröten zu tun, es handelt sich um fossile Zähne des ausgestorbenen Fisches *Lepidotes*.

Krötensteine (fossile Fischzähne)

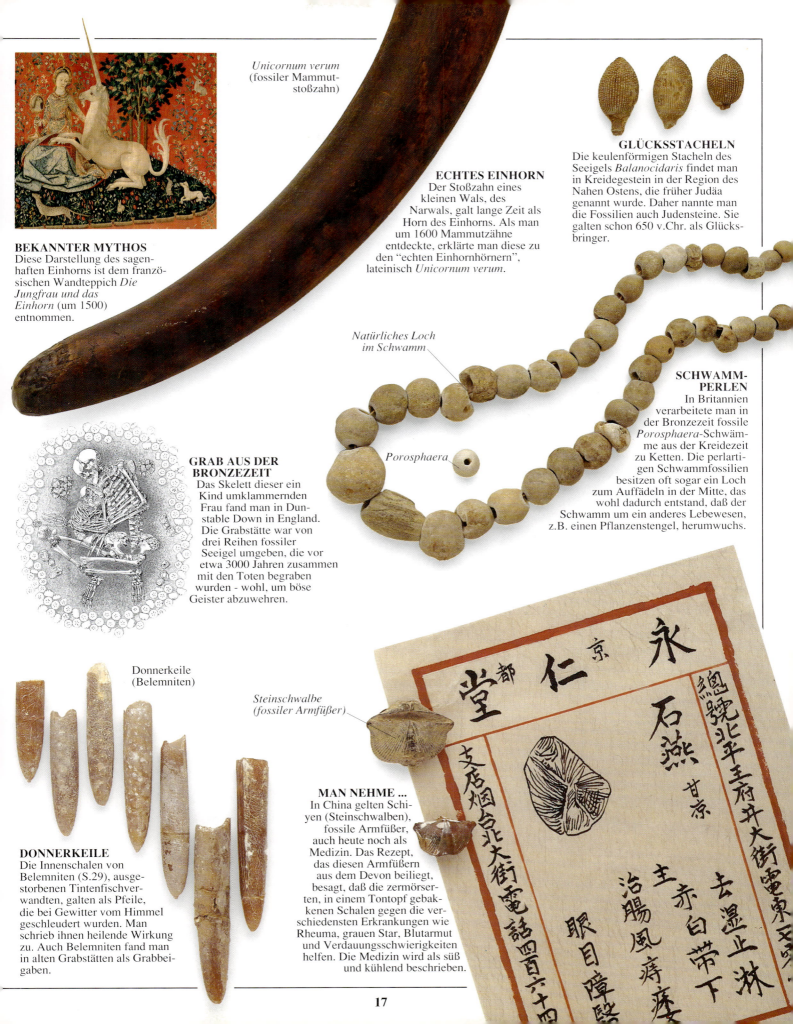

BEKANNTER MYTHOS
Diese Darstellung des sagenhaften Einhorns ist dem französischen Wandteppich *Die Jungfrau und das Einhorn* (um 1500) entnommen.

Unicornum verum (fossiler Mammutstoßzahn)

ECHTES EINHORN
Der Stoßzahn eines kleinen Wals, des Narwals, galt lange Zeit als Horn des Einhorns. Als man um 1600 Mammutzähne entdeckte, erklärte man diese zu den "echten Einhornhörnern", lateinisch *Unicornum verum*.

GLÜCKSSTACHELN
Die keulenförmigen Stacheln des Seeigels *Balanocidaris* findet man in Kreidegestein in der Region des Nahen Ostens, die früher Judäa genannt wurde. Daher nannte man die Fossilien auch Judensteine. Sie galten schon 650 v.Chr. als Glücksbringer.

Natürliches Loch im Schwamm

Porosphaera

SCHWAMMPERLEN
In Britannien verarbeitete man in der Bronzezeit fossile *Porosphaera*-Schwämme aus der Kreidezeit zu Ketten. Die perlartigen Schwammfossilien besitzen oft sogar ein Loch zum Auffädeln in der Mitte, das wohl dadurch entstand, daß der Schwamm um ein anderes Lebewesen, z.B. einen Pflanzenstengel, herumwuchs.

GRAB AUS DER BRONZEZEIT
Das Skelett dieser ein Kind umklammernden Frau fand man in Dunstable Down in England. Die Grabstätte war von drei Reihen fossiler Seeigel umgeben, die vor etwa 3000 Jahren zusammen mit den Toten begraben wurden - wohl, um böse Geister abzuwehren.

Donnerkeile (Belemniten)

Steinschwalbe (fossiler Armfüßer)

DONNERKEILE
Die Innenschalen von Belemniten (S.29), ausgestorbenen Tintenfischverwandten, galten als Pfeile, die bei Gewitter vom Himmel geschleudert wurden. Man schrieb ihnen heilende Wirkung zu. Auch Belemniten fand man in alten Grabstätten als Grabbeigaben.

MAN NEHME ...
In China gelten Schi-yen (Steinschwalben), fossile Armfüßer, auch heute noch als Medizin. Das Rezept, das diesen Armfüßern aus dem Devon beiliegt, besagt, daß die zermörserten, in einem Tontopf gebackenen Schalen gegen die verschiedensten Erkrankungen wie Rheuma, grauen Star, Blutarmut und Verdauungsschwierigkeiten helfen. Die Medizin wird als süß und kühlend beschrieben.

Fossilien der Zukunft

Die uns bekannten Fossilien stellen nur einen winzigen Ausschnitt aus der Lebensfülle früherer Zeitalter dar. Lebewesen ohne harte Körperteile verwesen meist vollständig. Manche lebten unter Umweltbedingungen, die eine Einbettung und Versteinerung unwahrscheinlich machten, z.B. in Baumwipfeln. Im Meer, in Seen und Flüssen wurden mehr Tiere fossil. Doch auch hier blieb nur ein kleiner Teil der Lebewesen erhalten. Ein Blick auf eine moderne Lebensgemeinschaft zeigt, welche Lebewesen zukünftige Fossilien werden könnten, und verdeutlicht die "Auswahlkriterien" der Natur.

MIETER AUF ZEIT
Ein gutes Beispiel für ein Lebewesen, das kaum fossil erhalten bleiben wird, ist der Einsiedlerkrebs. Einsiedlerkrebse besitzen keinen harten Panzer. Sie wohnen in alten Schneckenhäusern. Der Körper der Einsiedlerkrebse ist zum großen Teil weich und in die Windungen des Schneckenhauses zurückgezogen. Die Scheren sind hart, doch man findet sie selten fossil und fast nie in der Schneckenhauswohnung. Grund dafür ist wohl, daß die Scherenpanzer auseinanderfallen, wenn die Muskulatur verwest. Auch fossile Schneckengehäuse könnten also zwei Lebewesen als Behausung gedient haben: einer Schnecke und einem Einsiedlerkrebs.

Makrelenskelette

Katzenhaizähne

Krabbenpanzer

Pilgermuschelschalen

EINIGE MEERESBEWOHNER...
Lebensgemeinschaften in Wasserlebensräumen findet man recht häufig fossil, da Lebewesen im Meer, in Seen oder Flüssen oft unter Schlamm- oder Sandablagerungen begraben werden. Die Fische und Garnelen schwammen im freien Wasser. Vom Meeresgrund stammen Seeigel, Seesterne, ein Schlangenstern, Pilgermuscheln, eine Schnecke, eine kleine Krabbe, ein Schwamm, eine Seemaus (ein Meereswurm), sowie Moostierchen- und Nesseltierkolonien, ebenso die Eihüllen einer Schnecke, eines Katzenhais und eines Rochens. Bei den Algen handelt es sich um Braunalgen, die in Massen an den Küsten wachsen.

Skelett des Eßbaren Seeigels

Skelett des Strandseeigels

Schneckengehäuse

Katzenhai

Eßbarer Seeigel

Nesseltierkolonie

Eihülle eines Katzenhais

Strandseeigel

Krabbe

Skelett eines Gemeinen Seesterns

Skelett eines Poltersterns

Skelett eines Eissterns

...UND IHRE RESTE
Am ehesten versteinern harte Teile von Tieren, z.B. Knochen, Schalen und Gehäuse. Hier sieht man die Überreste der links abgebildeten Tiere und Pflanzen. Von den Algen und von vielen Tieren ist gar nichts übrig geblieben, von anderen nur sehr wenig. Vom Hai bleiben z.B. nur die Zähne, da sein Skelett aus weichem Knorpel besteht. Seeigel, Seesterne, Krabben und Moostierchen besitzen widerstandsfähigere Sklette. Doch nun, da das Bindegewebe zwischen den vielen kleinen Skeletteilen zersetzt ist, sind sie zerfallen. Nur das Schneckengehäuse und die Muschelschale sind scheinbar unbeschadet erhalten. Makrelenknochen und Krabbenpanzer enthalten organische Stoffe, die den Zersetzungsprozeß beschleunigen. Daher müßten sie bald luftdicht eingebettet werden, um versteinern zu können. Dies zeigt, daß nur ein verschwindend kleiner Anteil heutiger - wie auch vergangener - Lebensgemeinschaften fossil erhalten bleibt.

Skelett eines Zerbrechlichen Schlangensterns

Moostierchenskelette

HINTERLÄSST KEINE SPUREN
Tiere und Pflanzen, die auf dem Land leben und sterben, verwesen oft gänzlich, bevor sie begraben und fossil werden können. Fell und Fleisch dieses Rentieres in der Arktis beginnen zu verwesen. Auch die Knochen zerfallen früher oder später, wenn sie nicht eingebettet werden.

Seltene Funde

Ganz selten findet man auch Versteinerungen weicher Gewebe, die in der Regel während der Fossilbildung zersetzt werden. Dazu gehören ganze Tiere mit weichen Körpern, die sonst fossil nicht belegt sind. Solche Wunder der Fossilerhaltung liefern weit mehr Informationen über die lebenden Tiere als es Knochen, Zähne oder Schalen vermögen. Aufsehenerregend sind immer gut erhaltene Menschenfunde wie die von Pompeji in Italien oder von Grauballe in Dänemark.

Hautspur

ZWEITEILIG
Bei diesem fossilen Frosch kann man deutlich die Körperumrisse erkennen. Sogar Spuren der Haut und anderer zarter Gewebe sind erhalten. Das Gestein ist aufgesprungen und enthüllt zwei Fossilienhälften.

KLEBRIGER TOD
In diesem Bernsteinbrocken sieht man eine Spinne. Bernstein ist das versteinerte Harz urzeitlicher Bäume. Im klebrigen Harz, das an den Baumstämmen herablief, wurden oft kleine Tiere gefangen. So sind ganze Insekten und Spinnen, sogar kleine Eidechsen und Frösche über Jahrmillionen erhalten geblieben.

EINZIGARTIGE EINBLICKE
Dieser Wurm stammt aus dem Burgess Shale, einer für ihre Weichkörperfossilien berühmten Ablagerung in Britisch Kolumbien, Kanada. Hier fand man u.a. Trilobiten (S.30) mit intakten Gliedmaßen, primitive Krebse und bizarre Lebewesen, die man keiner der heute lebenden Gruppen zuordnen kann. Schlammassen begruben die Tiere im Kambrium, vor über 500 Millionen Jahren, auf dem Meeresboden. Ihre Fossilien vermitteln einen einzigartigen Einblick in die Vielfalt einer urzeitlichen Lebensgemeinschaft

AUSSERGEWÖHNLICHES INSEKT
Diese zarte Libelle wurde im Schlamm eingeschlossen, der den Solnhofener Kalk in Bayern, heute eine Fundstätte außergewöhnlicher Fossilien, bildete.

TIEFGEFRORENES MAMMUT
Im Permafrost (im ständig gefrorenen Boden) in Sibirien findet man gelegentlich Mammuts. Sie fielen wahrscheinlich in eiszeitliche Gletscherspalten, konnten nicht mehr heraus und wurden eingefroren. Mammuts lebten während der Eiszeiten der letzten zwei Millionen Jahre und starben vor etwa 12 000 Jahren aus. Die größten Arten erreichten eine Schulterhöhe von über 4 m.

AKTIVER VULKAN
Der früher häufig Feuer speiende Vesuv in Italien ist seit 1944 nicht mehr ausgebrochen, doch er gilt noch nicht als erloschen.

Abdruck eines Körpers aus Pompeji

IN DER ASCHE BEGRABEN
Während des heftigen Vesuvausbruchs im Jahre 79 n.Chr. wurden Einwohner der Städte Pompeji und Herculaneum am Fuße des Vesuvs unter Massen vulkanischer Asche begraben, ehe sie fliehen konnten. Die heiße Asche verhärtete um die Körper herum, die, als sie später verwesten, Höhlungen im Aschegestein hinterließen. Durch Ausgießen der Höhlungen mit Gips erhielt man künstliche Pseudomorphosen der Opfer des Vulkanausbruchs. Auch Skelette von Haustieren fand man.

WEICHTIERFOSSIL *links*
Belemnoteuthis aus dem Jura ist ein Verwandter der heutigen Tintenfische und der ausgestorbenen Belemniten (S.29). Die Innenschale dieses Exemplars ist nicht erkennbar, da der sie umschließende Weichkörper als Pseudomorphose, ersetzt durch das Mineral Apatit, erhalten ist. Man kann sogar die mit Haken versehenen Fangarme um den Kopf herum erkennen. *Belemnoteuthis* konnte wie heutige Tintenfische bei Gefahr Tinte ausstoßen.

Knochen

Fangarme mit Haken

Haut

Fossiler Moafuß

Kralle

Der gut erhaltene Weichkörper verbirgt die Innenschale.

Der Abguß zeigt genau die Lage, in der der Körper vor über 1900 Jahren unter der Asche begraben wurde.

HAUT UND KNOCHEN
Die bis zu 3,5 m großen neuseeländischen Moas waren flugunfähige Vögel aus der Verwandtschaft der Kiwis, Emus und Strauße. Die heute ausgestorbenen Vögel lebten noch vor 700 Jahren, zur Zeit der ersten Maoris. Mehrere Arten sind als z.T. über 2 Mill. Jahre alte Fossilien erhalten. An diesem fossilen Fuß hängt noch Haut. Die Auswirkungen dieser großen, einst häufigen Vögel auf die Vegetation Neuseelands sind noch heute erkennbar. Es gibt Pflanzen, die Schutzmechanismen gegen Moafraß entwickelt haben!

Ein Moa zwischen Kiwis

Rekonstruktion eines im Asphalt von La Brea eingeschlossenen Mammuts

KEIN ENTKOMMEN
Das natürlicherweise austretende Bitumen der Asphalttümpel von La Brea in Los Angeles war eine ausweglose Falle für Tiere, die in den letzten 10 000 bis 20 000 Jahren in diese klebrige Masse gerieten. Ausgrabungen in älteren, verhärteten Schichten haben die Gebeine von Mammuts und Säbelzahnkatzen (S.65) zutage gefördert.

DER MANN VON GRAUBALLE
In verschieden Mooren des nördlichen Europa fand man erstaunlich gut erhaltene Menschenkörper. Der saure Moorschlamm verhinderte ihre Verwesung. Viele Körper sind über 2000 Jahre alt und einige weisen Spuren einer rituellen Tötung auf. Dieser Mann wurde 1952 in der Nähe des Dorfes Grauballe in Dänemark gefunden. Er starb etwa im 4.Jh. Haut und innere Organe, sogar die Reste der letzten Mahlzeit, sind konserviert.

Korallen

Korallen gehören zu den schönsten Meerestieren. Die farbenprächtigen Tentakelkronen der einzelnen Korallen, der Polypen, gleichen Blumen in einem Unterwassergarten. Die meisten Korallen leben in flachen tropischen Meeren und ernähren sich von Plankton, zum Teil auch von Nährstoffen, die in ihren Körper eingelagerte Algen produzieren. Es gibt einzeln (solitär) lebende Korallen und koloniebildende, bei denen viele Polypen in einem Stock vereinigt sind. Da die Tiere harte Kalkskelette besitzen, findet man sie im Gegensatz zu den verwandten skelettlosen Quallen und Seeanemonen relativ häufig fossil. Die ältesten Korallen stammen aus dem Ordovicium.

KORALLENFISCHER
Korallen sind seit alters her ein begehrter Schmuck.

Ein Atoll: ein ringförmiges Korallenriff

Polypenskelett

Skelett eines Korallenindividuums

Roter Kalkstein

KORALLENSCHLOTE
Zwischen den schlotförmigen Einzelpolypenskeletten bestanden bei dieser *Lithostrotion*-Kolonie aus dem Karbon keine Verbindungen. Die Zwischenräume sind nun mit rotem Kalkstein ausgefüllt.

HORNKORALLE
Aulophyllum mit der typischen Hornform, hier in zwei Teilen abgebildet, ist eine typische Solitärkoralle. Sie lebte am Meeresboden. Das spitze Ende des Horns steckte im Boden, der weiche Polypenkörper saß dem anderen Ende auf.

DICHTE KOLONIE
Die koloniebildende Koralle *Lonsdaleia* gehört zur Gruppe der Rugosakorallen. Diese starben im Perm aus. Die einzelnen Polypenskelette sind kantig, meist sechskantig, weil die Einzeltiere so dicht aneinandergedrückt lebten.

KORALLEN VON HEUTE
Die meisten heutigen Korallen gehören zu den Skleractinien, die zuerst in der Trias auftraten. Die Korallenriffe mit ihren zahllosen Tieren gehören zu den artenreichsten Lebensräumen des Meeres.

Helles Sediment füllt die Bereiche, die einst die Weichkörper einnahmen.

Halysites aus dem Silur bildete lange verzweigte Bänder. In der Aufsicht erinnert sie an eine Ansammlung von Ketten.

Korallenast

HIRNKORALLE
Diese Kolonien gleichen gewundenen Tälern und erinnern an ein menschliches Gehirn. Mehrere Polypen besitzen einen gemeinsamen Mund im gleichen Tal. Dieses Exemplar aus dem Miozän ist zum Einblick ins Innere quer aufgeschliffen dargestellt.

Gewundenes Korallental

KORALLENBUSCH
Bei den buschigen Kolonien von *Thamnopora* öffneten sich die Polypen über die ganze Stockoberfläche. Dieses in Kalkstein eingebettete Exemplar ist zur Verdeutlichung der Kolonieform im Querschnitt dargestellt.

KORALLEN-WELTREKORDLER
Bei diesem fossilen Stück einer riffbildenden *Galaxea*-Koralle ist der Aufbau der einzelnen Polypenskelette gut zu erkennen. Die größte lebende Korallenkolonie, eine *Galaxea*-Kolonie vor Okinawa in Japan, hat einen Umfang von 16 m.

Einzeltierskelett

Fossile Fungia

EINZELKORALLEN
Diese Abbildungen zeigen die zarten fossilen Skelette der Solitärkorallen *Stephanophyllia* aus dem Pliozän und *Fungia* aus dem Pleistozän. Der Name *Fungia* leitet sich von *fungus* (lat.="Pilz") ab, da die Korallen an die Unterseiten von Pilzen erinnern.

KORALLENERSATZ
Manche fossilen Korallen besaßen leicht lösliche Aragonitskelette, die oftmals nicht erhalten blieben. Die Aragonitskelette dieser *Thecosmilia*-Kolonie sind durch Kieselerde (Siliziumoxid) ersetzt.

Skelette durch Kieselerde ersetzt

Fossile Stephanophyllia

Meeresbodenbewohner

Zu den häufigsten fossil erhaltenen Lebewesen gehören Tiere und Pflanzen, die den Meeresboden bewohnten. Am Meeresboden wird ständig Sand und Schlamm abgelagert, der tote Lebewesen einschließen kann, bevor sie verwesen. Manche Pflanzen und Tiere wurden sogar lebendig begraben, weil sie sich nicht fortbewegen konnten. Lebende Beispiele für solche festsitzenden Meeresbodenbewohner sind Moostierchen (Bryozoen) und Armfüßer (Brachiopoden), die jedoch als unscheinbare Meerestiere kaum bekannt sind. Heute gibt es etwa 250 Armfüßerarten, fossil sind etwa 30 000 bekannt.

WOHNBLOCKS
Moostierchenkolonien sind mit Wohnblocks mit vielen gleichen Wohnungen vergleichbar.

Durch die Löcher werden Wasser und Nahrungsteilchen gepumpt.

ARCHIMEDISCHE SCHRAUBE
Diese Moostierkolonie aus dem Karbon ist nach einer Wasserpumpe benannt, die der griechische Philosoph Archimedes erfand. Das schraubige Skelett stützte einst ein gewundenes Netzwerk von *Hornera* (Mitte links) ähnlichen Moostierchen.

Archimedische Wasserförderanlage

Jedes Plättchen ist eine Kolonie von über 200 Einzeltieren.

GEMEINSCHAFTSWOHNUNGEN oben
Die verzweigten Kolonien des heutigen Moostierchens *Hornera* bieten Meereswürmern, kleinen Fischen und anderen kleinen Meerestieren eine Heimat.

Skelett eines Einzeltieres

Freilebende Moostierchenkolonien aus der Kreide

ÜBERLEBENSGROSS
Die Abbildung zeigt stark vergrößerte Skelette einzelner Bryozoen aus einer Kolonie.

Kalkkolonien

Moostierchen leben in Kolonien, in denen jedes Einzeltier fest mit seinem Nachbarn verbunden ist. Solche Kolonien enthalten Dutzende, Hunderte oder gar Tausende von unter 1 mm kleinen Einzeltieren. Diese besitzen Tentakeln, mit denen sie kleinste Nahrungsteilchen einfangen, und meist Skelette aus Kalzit (Kalkspat). Die Kolonien wachsen durch Sprossung neuer Einzeltiere. Manche Arten bilden rindenförmige Überzüge, andere Netze oder strauchförmige Gebilde.

Helle und dunkle Wachstumsringe

UR-MOOSTIERE
Die *Chasmatopora*-stücke in dieser Schieferplatte aus dem Ordovicium zählen zu den ältesten Bryozoen-kolonien.

ROTALGEN-STEIN
Die rote Farbe der Alge *Solenopora* aus dem Jura ist manchmal fossil erhalten.

Gestielte „Muscheln"

Armfüßer hielt man früher für Muschelverwandte (S.26). Doch der Bau des Weichkörpers zeigt, daß Armfüßer mit den Moostierchen verwandt sind. Auch äußerlich erkennt man Unterschiede zwischen Armfüßern und Muscheln: eine Armfüßerschale ist symmetrisch, doch eine Hälfte ist größer als die andere; eine Muschelschale ist asymmetrisch, doch die Schalenhälften sind gleich groß und spiegelbildlich. Armfüßerschalen besitzen meist ein Loch, durch das beim lebenden Tier der Stiel zum Festhalten am Untergrund ragt.

Stielloch

Fossiler Armfüßer

Loch für den Docht

Römische Lampe

GEFLÜGELTE SCHALE
Das spiralige innere Freßorgan der Spiriferiden Armfüßer wurde von einem zarten Armgerüst gestützt.

Stielloch

Größere Schalenhälfte

Spiriferide Armfüßer

Seitenansicht eines Armfüßers aus der Kreide

Symmetrische Schale

Heutige Armfüßer

Nummulitenskelett in Kalkstein

MUSCHELLAMPEN
Im Englischen werden die Armfüßer *lampshells* (Lampenmuscheln) genannt, da einige Vertreter an Öllampen der alten Römer erinnern. Dem Loch für den Docht der Lampe entspricht das Stielloch der Armfüßer.

HEUTIGE FARBE
Diese modernen roten Armfüßer ähneln denen aus der Kreidezeit sehr. Diese haben ihre Färbung vielleicht bei der Versteinerung verloren.

Fossiler *Siphonia*-Schwamm, poliert

Heutiger verzweigter Schwamm

Schwämme

Schwämme sind primitive Tiere, die Wasser durch ihre Körper pumpen und ihm Nahrungsteilchen entnehmen. Schwämme besitzen Skelette aus kleinen Nadeln (Spiculae), die oft fossil erhalten sind. Die ersten fossilen Schwämme sind schon aus dem Kambrium bekannt.

PYRAMIDEN AUS SCHALEN
Die Pyramiden von Gizeh in Ägypten sind aus Kalksteinblöcken gebaut, die aus Kalkschalen wie denen des Einzellers *Nummulites* bestehen.

Fossiler Tulpenschwamm

Pyramiden ägyptischer Pharaonen

SKELETTBECHER
Gelegentlich sind Schwammskelette mit verschmolzenen Spiculae vollständig erhalten. Diese sind meist becherförmig.

Zum Gebrauch als Badeschwamm aufbereitetes Schwammskelett

Muscheln und Schnecken

Zu Beginn des Kambriums, vor etwa 550 M. J., traten die ersten hartschaligen Meerestiere auf. Dazu gehörten die Mollusken (Weichtiere), eine auch heute noch recht artenreiche Tiergruppe. Gastropoden (Schnecken) und Muscheln wie Austern und Pilgermuscheln sind allgemein bekannt. Doch zu den Mollusken gehören auch Käferschnecken und Kopffüßer (S.29). Muscheln (Bivalvier) besitzen zwei Schalenhälften (Valven), die von einem Scharniergelenk zusammengehalten werden. Schnecken dagegen besitzen ein einteiliges Gehäuse. Weichtierschalen sind häufig fossil erhalten. Die meisten bestehen aus Kalzit oder aus dem leichter zersetzbaren Aragonit. Oft findet man nur Steinkerne von Weichtieren, die mit Sediment gefüllten Aragonitschalen wurden nach der Versteinerung des Inhalts zersetzt.

GEBURT DER VENUS
Die Göttin Venus entsteigt einer Pilgermuschel.

Perle

URZEITLICHE JUWELEN
Dieser Schlammstein enthält seltene fossile Perlen (Eozän, ca. 50 M. J. alt).

Schloßzahn

Muskelnarbe

VERSCHLOSSEN
Schloßzähne hielten die beiden Schalenhälften der lebenden Muschel zusammen (Schale einer *Venericardia* aus dem Eozän).

Schale *Auge*
Spalt
Tentakel

SCHARFE AUGEN
Pilgermuscheln besitzen im weichen Gewebe entlang des Schalenrandes viele Augen mit hochentwickelten Linsen. Zur Nahrungsaufnahme werden die Schalenklappen mit Hilfe des Gelenkes einen Spalt weit geöffnet, die Kiemen strudeln Wasser ein, aus dem Nahrungsteilchen gefiltert werden.

STACHELN FÜR SCHWÄMME
Diese Stachelauster (*Spondylus*) stammt aus dem Pliozän. Die Stacheln heutiger Stachelaustern geben Schwämmen und anderen krustenbildenden Lebewesen Halt und dienen damit der Tarnung der Muschel.

Hervorstehende Leiste

IN ZWEI TEILEN
Pilgermuscheln (*Pecten*) besitzen eine flache und eine gewölbte Schalenhälfte wie dieses Exemplar aus dem Pliozän. Die Leisten auf den Schalen greifen ineinander, doch meist findet man nur einzelne Schalenhälften, da das sie verbindende Ligament schnell verwest.

IN STEIN GEHAUEN
In diese Fossilien ist ein arabisches Gebet gemeißelt. Es handelt sich um Steinkernfossilien (S. 6), die durch die Verfüllung der Muschelschalen mit Sediment entstanden.

Moderne Kegelschnecke

Fossile Kegelschnecke

Modernes Schneckengehäuse

Fossile Schneckengehäuse

Siphon

Fuß

WEICHER KERN
Diese Meeresschnecke kommt gerade aus ihrem Haus. Oben und rechts unten sieht man deutlich Teile ihres Weichkörpers.

FARBEN VERBLASSEN
Manche lebende Schnecken, besonders tropische Arten, sind oft recht bunt gefärbt. Doch die farbgebenden Pigmente in der Schale werden bei der Versteinerung in der Regel zerstört.

Moderne Schnecke

Gedreht und gewunden

Gedreht und gewunden Die Schnecken aller Zeitalter weisen die unterschiedlichsten Formen und Größen auf. Alle Schneckengehäuse sind an einem Ende offen und in der Regel spiralig aufgewunden. Die Form der Spirale ist von Art zu Art verschieden. Die Gehäuse können rechts- oder linksgewunden sein, weit oder eng geschraubt, regelmäßig oder unregelmäßig. Die Süßwasserschnecke *Planorbis* besitzt ein nahezu flaches Gehäuse, *Turritella* dagegen ein hoch aufgetürmtes.

Spiralwindung

Fossile *Turritella*

Fossile Käferschnecke

Moderne Käferschnecke

KEINE VERBINDUNG
Die Käferschnecken sind eine kleine Meeresmolluskengruppe mit Schalen aus acht Einzelplatten. Fossil findet man sie selten, ihre Platten sind meist auseinandergefallen. Heutige Käferschnecken leben in der Gezeitenzone an Felsen festsitzend, von denen sie Algen abweiden.

WURMRÖHREN?
Wurmschnecken leben festsitzend auf harten Untergründen, oft gehäuft wie diese fossilen Vermitiden. Ihre Gehäuse sind unregelmäßig gewunden und erinnern eher an Wurmröhren.

NUR LEICHT GEDREHT
Tubina gehörte zur ausgestorbenen Weichtiergruppe der Bellerophontiden. Das nur wenig gewundene Gehäuse stammt aus dem Devon. Ob es sich bei diesem Lebewesen um eine echte Schnecke handelte, ist nicht mehr feststellbar, da der Weichkörper nicht erhalten ist.

Linksgewundenes Gehäuse

Rechtsgewundenes Gehäuse

Siphonalkanal

Fossile *Neptunea contraria*

Fossile *Neptunea despecta*

FOSSILE WINDUNGEN
Die meisten Schnecken besitzen rechtsgewundene Gehäuse wie *Neptunea despecta*, doch *Neptunea contraria* besaß ein linksgewundenes.

VERLÄNGERUNG
Das spitze Gehäuse von *Fusinus* gewinnt durch einen Siphonalkanal (Atemrohr) zusätzlich an Länge.

Oberseite

Unterseite

Fossile *Planorbis*

Intelligente Weichtiere

Ein Ammonit mit z.T. durch Pyrit ersetzter Schale

Kraken, Kalmare und Tintenschnecken sind die bekannten modernen Vertreter der meeresbewohnenden Cephalopoden (Kopffüßer). Fossil gibt es viele Zeugnisse von diesen "Tintenfischen". Sie besitzen Fangarme mit Saugnäpfen, hochentwickelte Linsenaugen, sind lernfähig und können erlerntes Wissen anwenden. Sie sind wendige Räuber, die sich nach dem Rückstoßprinzip durchs Wasser bewegen. Bei den meisten modernen Arten sind die rückgebildeten Schalen nach innen verlagert und vom Weichkörper bedeckt. Ammoniten oder Ammonshörner (benannt nach dem Widderhorn des ägyptischen Gottes Ammon) und viele andere fossile Kopffüßer besaßen Außenschalen wie das heutige Perlboot (*Nautilus*). Diese Schalen erinnern an Schneckengehäuse, sind aber innen gekammert. Seit ihrem ersten Auftreten im Kambrium entstanden und verschwanden eine ganze Reihe von Cephalopodenarten, so daß sie als Leitfossilien zur Altersbestimmung von Gesteinen (S.9) dienen können.

DEKORATIVES MOTIV
Die attraktive Form der Ammoniten dient oft als ornamentales Motiv. Diese Säule stammt von einem Haus in Brighton, dessen Architekt Amon(!) hieß.

LEBENDES FOSSIL
Als einziger noch lebender Verteter der Nautiloiden vermittelt uns das Perlboot, der nächste lebende Verwandte der Ammoniten, wichtige Informationen über diese ausgestorbene Tiergruppe. *Nautilus* lebt als Nachttier in Tiefen von 5-550 m im Indischen Ozean. Er ernährt sich von Fischen und von Krebsen, die er mit seinem kräftigen Schnabel aufbricht.

Septen unterteilen die Schale in Kammern.

Endkammer

Komplizierte Lobenlinien

Ammoniten

Einfache Lobenlinie

Fossile Nautiloiden

GRÖSSENUNTERSCHIEDE
Manche Ammoniten aus dem Mesozoikum waren wahre Riesen. Dieses 30 cm große Exemplar ist ein Zwerg gegenüber den größten Arten mit Durchmessern von bis zu 2 m.

ERWEITERUNGSBAUTEN
Fossile Ammoniten- und Nautiloidenschalen sind gekammert. Das Tier bewohnte nur die vorderste Kammer. Während des Wachstums wanderte es immer weiter nach vorne und verschloß die neu angelegten Kammern nach hinten mit Septen. Die unbewohnten Kammern waren mit Gas und Flüssigkeit gefüllt, deren Mengenverhältnisse das Tier durch einen Kanal regulieren konnte, so daß es durch mehr oder weniger Auftrieb im Meer steigen und wieder absinken konnte. Die Lobenlinien (Septenanwachslinien an der Schale) sind bei Nautiloiden einfach, bei Ammoniten komplizierter gebaut.

Gepanzerte Tiere

Insekten, Spinnen, Skorpione, Tausendfüßer, Krabben, Hummer und Seepocken sind Vertreter der großen Gruppe der Arthropoden (Gliederfüßer). Die Arthropoden sind eine sehr vielgestaltige Gruppe mit Vertretern im Meer, auf dem Land und in der Luft, doch fossil findet man nur relativ wenige dieser Tiere. Sie alle besitzen gegliederte Beine, einen segmentierten Körper und ein Exoskelett, eine harte Außenhaut. Während seines Wachstums muß ein solches Tier oft seinen alten, zu engen Panzer abstreifen und einen neuen bilden. Manche Arthropoden, z.B. die ausgestorbenen Trilobiten, haben Kalzit in ihr Außenskelett eingelagert, so daß es nicht gleich verwest. Solche Exoskelette findet man am häufigsten fossil.

KLEIN IST SCHÖN
Die meisten Trilobiten waren 3-10 cm groß. Die Abbildung zeigt *Elrathia*-Exemplare.

WERTSACHE
Trilobiten sind begehrte Fossilien. Diese *Calymene* aus dem Silur ist als Brosche gefaßt. Im englischen Dudley fand man diese Art in großen Massen, so daß man sie auch "Dudleykäfer" nannte.

Auge

Augenlos

SEHEN ODER NICHT SEHEN?
Es gab über 10 000 Trilobitenarten, alle Meeresbewohner. Manche krochen über den Meeresboden, andere trieben oder schwammen im freien Wasser. Die meisten Arten besaßen zwei Augen und konnten wohl gut sehen. Bei manchen fossilen Trilobiten sind Augenlinsen erhalten, da sie aus Kalzit bestanden. Manche Arten aber besaßen keine Augen. Sie lebten meist in der Tiefsee, in die kein Licht mehr vordringt.

Moderner Tausendfüßer

Fossiler Tausendfüßer

FRÜHE SIEDLER
Wie bei allen Arthropoden ist auch der Körper der Tausendfüßer in Abschnitte (Segmente) aufgeteilt. Die selten fossil gefundenen Tiere gehörten zu den ersten, die das Land besiedelten.

Trilobit *Dalmanites*

Trilobit *Concoryphe*

Dicht gepackte Linsen

MULTIVISION
Trilobiten besitzen die ältesten bekannten Augen. Sie bestanden wie bei heutigen Insekten aus vielen Einzelaugen, die alle Einzelbilder erzeugten.

Echinocaris, ein garnelenartiger Arthropode aus dem Devon

AUFROLLEN
Manche Trilobiten konnten sich wie Asseln aufrollen – wahrscheinlich ein Schutz gegen Feinde.

DREILOBIG
Die Trilobiten erhielten ihren Namen aufgrund der Aufteilung ihres Exoskeletts in drei deutlich unterscheidbare Teile (Loben). Beine und Weichkörper sind kaum erhalten. Ganze fossile Trilobiten findet man ebenfalls relativ selten. Funde datieren aus Kambrium- und Permgesteinen von vor 590-250 Millionen Jahren. Danach sind diese Tiere ausgestorben. Der abgebildete *Paradoxides* stammt aus dem Kambrium. Mit einer Länge von bis zu 50 cm gehört er zu den größten Trilobiten.

Langer Stachel

STACHELTIER
Charakteristisch für *Dicranurus*, einen Trilobiten aus dem Devon, sind die hier hervorragend erhaltenen langen Stacheln.

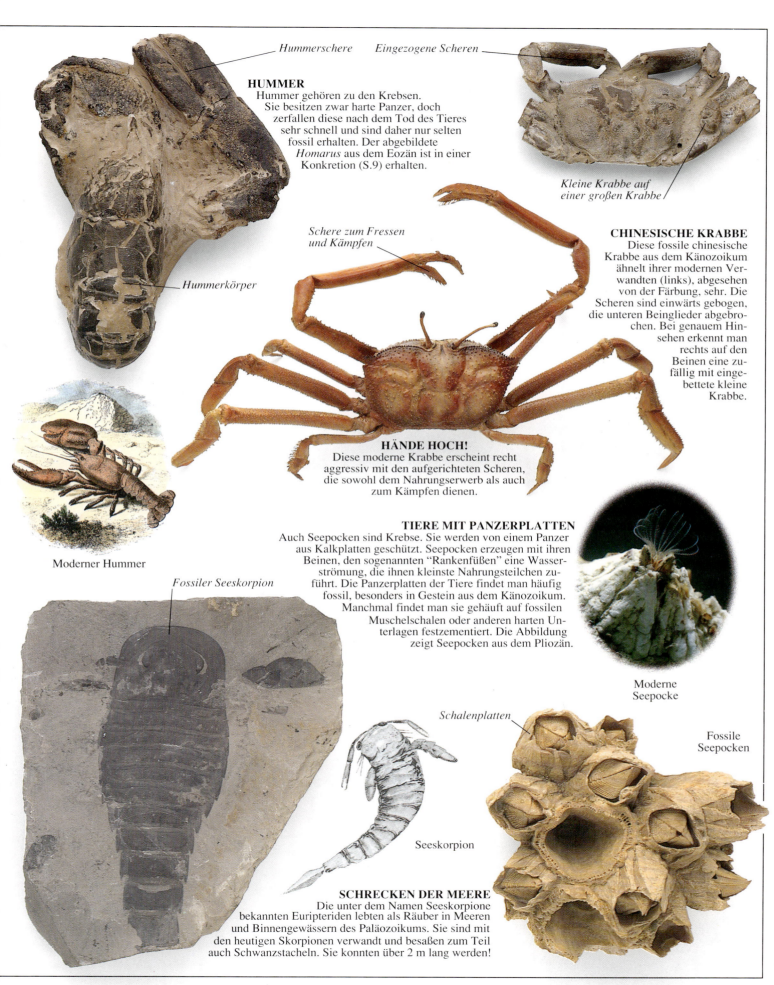

Arme und Stacheln

Zu den ausnahmslos meeresbewohnenden Stachelhäutern (Echinodermaten) gehören die Seeigel (Echinoiden), Seelilien (Crinoiden), Seesterne (Asteroiden) und Schlangensterne (Ophiuriden). Typisch für die meisten Stachelhäuter ist die fünfstrahlige Radiärsymmetrie, d.h. ihre Körper lassen sich in fünf gleiche Abschnitte zerlegen, ähnlich wie man eine Orange in gleiche Stücke zerteilen kann. Die Skelette der Stachelhäuter bestehen aus widerstandsfähigem Kalzit und sind daher häufig fossil erhalten. Fossile Echinodermaten lassen sich bis ins Kambrium zurückverfolgen. Die Skelette bestehen aus Stacheln und Platten aus einzelnen Kalzitkristallen und zerfallen meist bald nach dem Tod eines Tieres. Daher ist eine rasche Einbettung für die Erhaltung ganzer Skelette unerläßlich.

Moderner Schlangenstern

LEBENDIG BEGRABEN
Dieses Fossil aus dem Jura besteht aus fünf Schlangensternen mit ineinander verschlungen Armen. Sie wurden wahrscheinlich lebendig verschüttet, da die Skelette toter Tiere in der Regel schnell zerfallen. Schlangensterne ähneln Seesternen, sind aber viel zarter. Mit ihren zerbrechlichen Armen wandern Schlangensterne über den Meeresboden. Sie ernähren sich von Plankton oder sind Aasfresser.

Verschlungene zarte Arme

JAGENDE STERNE
Viele Seesterne ernähren sich räuberisch, meist von Muscheln, die sie mit Hilfe ihrer saugnapfbewehrten Arme öffnen. Andere, wie dieser australische *Protoreaster*, filtern ihre Nahrung aus dem Sand.

Symmetrischer Arm

Moderner Protoreaster

STERNE AM STRAND
Seesterne sind jedem bekannt, der schon einmal an einem Strand entlanggegangen ist, doch fossil sind sie nur selten erhalten.

Hier fehlt ein Arm. *Mund* *Saugnäpfe* *Ammonit*

Mund

Moderner Seestern von unten

Saugnäpfe

ARM AB
Dieser fossile Seestern aus dem Jura ist von unten zu sehen. Er ähnelt heutigen Vertretern dieser Gruppe sehr stark, doch er hat einen Arm verloren. In der Mitte ist der Mund erkennbar. Außer dem Seestern sind in diesem Gesteinsbrocken auch Ammoniten und Muschelfragmente eingebettet.

Fische

Fische waren die ersten Wirbeltiere. Sie atmen mit Kiemen und besitzen Flossen zum Schwimmen. Unter den etwa 20 000 Arten gibt es typische Meeresfische, typische Süßwasserfische und Arten, die zwischen beiden Lebensräumen wandern. Die ersten Fische traten vor etwa 500 Millionen Jahren auf. Die meisten von ihnen waren klein, kieferlos und schwer gepanzert. Im Devon, dem Zeitalter der Fische, entwickelte diese Tiergruppe eine große Artenfülle, die ersten Vertreter der heute noch lebenden Fischgruppen traten auf. In manchen Gebieten findet man fossile Fischskelette in großer Zahl, häufiger aber sind Zahnfunde, besonders von Haien.

Sparnodus, linke Hälfte

SCHWANZSTACHEL
Hai- und Rochenskelette sind aus weichem Knorpel und daher fossil kaum erhalten. Die robusten Zähne und Stacheln der Knorpelfische aber kann man fossil bis ins Devon zurückverfolgen. Der abgebildete Stachel aus dem Jura diente zur Stütze der großen Rückenflosse eines Hais.

Rückenflosse

Zeichnung eines modernen Hais

Scharfe Zähne

Zähne des Sandhais *Eugomphodus*, Eozän

ZAHN UM ZAHN
Die meisten Haie sind Räuber mit vielen scharfen, spitzen Zähnen. Abgenutzte Zähne werden ständig durch neue ersetzt, die hinter den alten Zähnen in "Wartestellung" liegen. Die 11 cm langen Zähne dieses fossilen Weißhais (*Carcharodon*) deuten an, daß er seine lebenden Verwandten, die bis zu 12 m Körperlänge erreichen, noch übertraf.

Zahn des Hais *Carcharodon* aus dem Pliozän

PANZERFISCHE
Zu den ersten Fischen mit Kiefern gehörten die mit Knochenplatten gepanzerten Placodermen. Manche konnten sich mit ihren Armen auf dem Meeres- oder Seeboden aufrichten.

Moderner Rochen

Zahn von *Plychodus*

Leisten zur Nahrungszerkleinerung

Leistenzahn von Ptychodus

KIEFERLOSE FISCHE
Die primitiven, kieferlosen Cephalaspiden, ernährten sich durch Aufsaugen von Sediment vom See- oder Flußbett.

MUSCHELKNACKER
Vom Knorpelfisch *Ptychodus* sind nur Zähne fossil erhalten. Er ähnelte wahrscheinlich einem Rochen. Mit seinen gerieften Zähnen knackte er Muschelschalen und Schneckengehäuse.

Gut erhaltenes Skelett

FISCHFRESSENDER FISCH
rechts
Direkte Hinweise auf die Ernährung eines Tieres findet man selten fossil. In diesem Katzenhai aus der Kreidezeit aber sieht man den Kopf eines Knochenfisches. Der Hai hatte sehr kleine Zähne, mit denen er wohl kaum einem lebendigen Fisch den Kopf abbeißen konnte. Das bedeutet, daß er auch Aas fraß.

Verschluckter Fischkopf

ZWEITEILIG
Diese Kalksteinplatte aus dem Eozän ist mitten durch ein *Sparnodus*-Fossil aufgesplittert. Die Knochen, auch die Flossengräten, sind besonders gut erhalten. Der Knochenfisch *Sparnodus* gehört zur Gruppe der Meerbrassen, die auch heute noch lebende Vertreter besitzt.

Sparnodus, rechte Hälfte

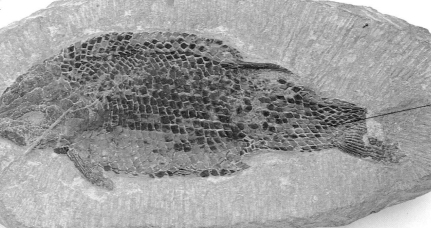

Dicke Schuppen bedecken den Körper.

DICKSCHUPPIGER FISCH
Der Knochenfisch *Lepidotes* war im Mesozoikum weltweit verbreitet und erreichte Längen von fast 2 m. Der Körper war von dicken Schuppen bedeckt, die knopfartigen Zähne (Krötensteine, S.16) dienten wahrscheinlich dem Knacken von Muschelschalen.

OHRENSTEINE
Otolithen sind aus Kalkverbindungen bestehende Gehörsteinchen aus den Gleichgewichtsorganen von Fischen. Diese Ohrensteine stammen von Fischen aus dem Eozän.

Scharfe Raubtierzähne

ZÄHNE FÜR DIE JAGD
Caturus, ein Verwandter der heutigen Schlammfische, lebte im Jura. Seine Zähne weisen ihn als Räuber aus.

Moderner Afrikanischer Lungenfisch

Dicke Schuppen

Gepanzerter Kopf

KNOCHENFISCHE
Dieser primitive Knochenfisch lebte vor etwa 200 M.J. im Meer. Er besaß kleine Zähne und ernährte sich wohl von Plankton. Wahrscheinlich lebte er als Schwarmfisch wie der Hering. Die Knochenfische traten erstmals in der Trias auf, heute stellen sie die meisten Fischarten, u.a. Karpfen, Lachse, Kabeljau, Makrelen und Schollen.

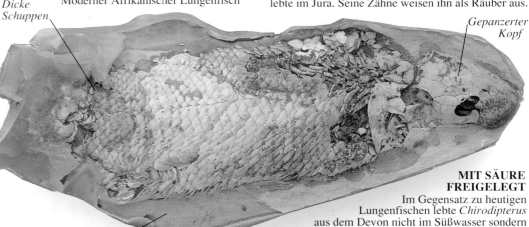

Konkretionsreste

MIT SÄURE FREIGELEGT
Im Gegensatz zu heutigen Lungenfischen lebte *Chirodipterus* aus dem Devon nicht im Süßwasser sondern in flachen Meeren. Er besaß dicke Knochenschuppen und einen gepanzerten Kopf. Dieses Exemplar aus Australien wurde durch ein Säurebad aus einer harten Kalkkonkretion (S.9) herausgelöst.

Pflanzen

Die Besiedlung des Landes durch Pflanzen vor etwa 410 Millionen Jahren ebnete den Weg für den Landgang der Tiere und legte den Grundstein für die Vielfalt der heutigen Pflanzenwelt. Das Leben auf dem Festland erfordert eine ganze Reihe von Anpassungen: einen stabilen Stengel, der die Pflanze aufrecht hält, Vorrichtungen zum Verdunstungsschutz, ein Leitungssystem, das Wasser von den Wurzeln zu den Blättern und Nährstoffe von dort zu den anderen Pflanzenteilen transportiert. Zuerst traten diese Anpassungen bei Bärlappen, Schachtelhalmen und Farnen des späten Paläozoikums auf. Auch heute noch gibt es Vertreter dieser primitiven Pflanzengruppen, doch spielen sie keine große Rolle mehr. Die heute das Land beherrschenden Blütenpflanzen erschienen erst in der Kreidezeit.

GAGAT-SCHMUCK
Gagat oder Jett ist eine dichte, sehr feste, tiefschwarze schnitzbare und polierbare Braunkohle mit Mineraleinlagerung. Sie entstand wahrscheinlich, als Holz von Araukarien (gegenüber) von den Flüssen ins Meer gespült wurde.

Abdruck der Rinde von *Lepidodendron* in Sandstein

JOHANN SCHEUCHZER
Der Schweizer Naturforscher und Arzt Johann Scheuchzer (1672-1733) untersuchte Pflanzen und Fische aus Miozängestein bei Öningen in der Schweiz.

Rhombische Blattnarben

Lepidodendron

Querschnitt durch einen fossilen *Lepidodendron*-Zapfen

Fossile Baragwanathia

Bärlappe

Bärlappe vermehren sich durch Sporen, die in keuligen Sporangien gebildet werden. Bärlappgewächse waren im Paleozän häufig, das wohl älteste bekannte Exemplar ist die australische *Baragwanathia* aus dem Devon. Die heutigen Bärlappe besitzen meist Kriechstengel, die urzeitlichen Arten aber zeigten einen baumförmigen Wuchs. *Lepidodendron* wurde bis zu 40 m hoch. Die fossile Rinde zeigt ein Rhombenmuster von Blattnarben, die entstanden, als die Blätter abfielen. Die fossilen Sporangien von *Lepidodendron* heißen *Lepidostrobus*.

Archaeosigillaria, ein Bärlapp aus dem Karbon

Lycopodium, ein heutiger Bärlapp

Archaeopteris, wurde bis zu 30 m hoch und vermehrte sich durch Sporen.

Moderner Farn

Von Sporen zu Samen

Farne stammen aus dem Devon und erlebten ihre Blüte im Mesozoikum. Heute gibt es noch etwa 10 000 Arten. Sie vermehren sich durch auf den Blattunterseiten gebildete Sporen. Baumfarne wie *Psaronius* wuchsen mit Bärlappbäumen in den Kohlesümpfen. Die meisten modernen Baumfarne sind nicht näher mit diesen paläozoischen Formen verwandt, sondern gehören zwei Gruppen an, die im Jura entstanden. Die ausgestorbenen Samenfarne besaßen farngleiche Blätter, waren aber Verwandte der fortschrittlicheren Samenpflanzen (S. 38-39).

VERKOHLTER FARN
Diese Blätter des Farnes *Coniopteris* aus dem Jura sind zu Kohle geworden.

TYPISCHER FARN
Die Farnwedel von *Iodites* aus dem Jura sehen denen heutiger Farne sehr ähnlich.

Eine typisch paläozoische Pflanzengesellschaft

POLIERTER FARN
Dieser Schnitt durch ein Stück fossilen Holzes stammt von dem Baumfarn *Psaronius*, der bis zu 8 m hoch wurde.

FOSSILE ARAUKARIENZAPFEN
Der Schnitt zeigt den Zapfenaufbau.

WEITVERBREITETER SAMENFARN
Fossilfunde des Samenfarns *Glossopteris* in Indien, Afrika, Südamerika und in der Antarktis beweisen, daß diese Gebiete einst einen Kontinent, Gondwana, bildeten (S. 12-13).

Die einzige moderne Schachtelhalmgattung *Equisetum* (maximal 1,5 m hoch)

Ledriges Nadelblatt

SCHUPPENTANNE
Schuppentannen oder Araukarien sind urtümliche Koniferen (S. 38-39), die erstmals in der Trias auftauchten. Heute gibt es sie noch in den südamerikanischen Anden (Chiletannen). Die dichtsitzenden nadelartigen Blätter fallen erst nach 15 Jahren ab.

SCHACHTELHALME
Schachtelhalme gibt es seit dem Devon. Sie wuchsen z.T. als bis zu 18 m hohe Bäume. Die Abbildung zeigt den Stengel eines *Equisetites* aus dem Jura.

Beblätterter Stengelabschnitt

Equisetites

Moderner Araukarienzweig

Unterirdischer Stengelabschnitt

Fortsetzung auf der nächsten Seite

Geschützte Samen

Bei den heutigen Samenpflanzen entwickeln sich die Samen geschützt in einer Frucht (Bedecktsamer oder Angiospermen) oder in einem Zapfen (Nacktsamer oder Gymnospermen, hauptsächlich Nadelbäume). Die Bedecktsamer sind die erfolgreichsten Pflanzen. Man schätzt sie auf etwa 250 000 Arten, fünfmal mehr als alle anderen Pflanzen zusammen. Gräser, Eichen, Tulpen, Palmen, Kartoffeln und Kakteen sind Beispiele für Angiospermen. Trotz ihres Artenreichtums treten diese Pflanzen erdgeschichtlich erst recht spät auf. Die ältesten Fossilien stammen aus der Kreide. Die ersten Nadelbäume treten im Karbon auf.

WEICHE FRUCHT
Harte Samen sind aufgrund ihrer harten Schale eher fossil erhalten als leicht verderbliche Früchte.

Palmartiges Blatt

BLÜTENVORLÄUFER
Die häufigsten Vertreter der ersten Samenpflanzen waren die Cycadeen, palmartige Nacktsamer, deren Samen sich in zapfenartigen Organen entwickelten. Auch heutige Cycadeen (es gibt noch neun tropische und subtropische Arten) erinnern an Palmen.

Fossile Cycadee

Sabal-Blatt

Fossile Jahresringe

Versteinertes Nadelholz

VERSTEINERTE KONIFERE
Zusammen mit den Cycadeen lebten auch andere Gymnospermen. Bei den versteinerten Nadelbäumen aus der Kreide sind Einzelheiten des Holzaufbaus erstaunlich gut erhalten.

FOSSILE PALME
Einkeimblättrige Bedecktsamer besitzen in der Regel parallelnervige Blätter, die Zweikeimblättrigen eine netzartige Blattaderung. Palmen wie diese *Sabal* aus dem Eozän und Gräser gehören zu den Einkeimblättrigen. Die übrigen hier abgebildeten Bedecktsamer sind zweikeimblättrig.

Samen

"Zapfen"

Blatt

Moderne Cycadee

Ein Blatt, quer in zwei Hälften gespalten

ZWEITEILIG
Angiospermenblätter sind relativ häufig und gut erhalten in feinkörnigem Sedimentgestein zu finden. Dieses Myrtenblatt aus dem Miozän ist in zwei Hälften aufgespalten.

Blatt einer modernen Palme

Fossile *Nipa*-Frucht

Moderne *Nipa*-Frucht

KÜSTENSCHUTZ
Die Abbildung zeigt die Frucht einer heutigen *Nipa*-Palme neben einer kleineren fossilen *Nipa*-Frucht aus dem Eozän. Die stammlose *Nipa* wächst heute entlang tropischer Küsten oder an küstennahen Flußufern und trägt zur Küstenbefestigung bei.

FLACHE NUSS
Dies ist die abgeflachte Frucht einer Wassernuß aus dem Miozän.

Fortsetzung von S. 37

Fossiles Pappelblatt

Moderen Pappelblätter

Juglans-Samen

Palliopora-Samen

Tectocarya-Samen

Mastixia-Samen

Fossiler Pollen in starker Vergrößerung

PAPPELBLATT
Fossile Pappelblätter sind fast identisch mit denen heutiger Pappeln. Dieses Exemplar ist etwa 25 Millionen Jahre alt. Heutige Pappeln werden bis zu 40 m hoch und werfen im Laufe ihres Lebens Unmengen von Blättern ab.

URZEITLICHE SAMEN
Fressen Tiere die fleischige Frucht, die oft Angiospermensamen umschließt, dient dies der Samenverbreitung. Von der späten Kreide ab sind verschiedene Früchte und Samen fossil erhalten. Die hier abgebildeten Exemplare sind 30 Millionen Jahre alt.

ERSTE POLLEN
Dieses Pollenkorn aus der Kreide ist einer der frühsten bekannten Angiospermenpollen.

RIESENKONIFERE
Heute wachsen Riesenmammutbäume nur noch in Nordamerika. Reste dieser Nadelbäume (Koniferen) findet man in Jura- oder jüngerem Gestein. Wie andere Koniferen bilden sie ihre Samen in Zapfen.

Fossile Blätter aus dem Miozän

Bei diesem fossilen Ahornblatt erkennt man Mittelrippe und Blattrippen.

BLATTABDRÜCKE
Diese Blätter aus dem Miozän sind als Abdrücke in feinkörnigem Kalkgestein erhalten. Das dreilappige Blatt mit Mittelrippe und zarten Adern ist leicht als Ahornblatt zu erkennen, wenngleich wenig Pflanzengewebe erhalten ist.

Blätter eines modernen Ahorns

Knospe

KNOSPENDER AHORN
Knospen sind fossil kaum erhalten, doch an diesem Ahornzweig aus dem Miozän sitzt solch ein seltenes Exemplar.

STEINRINGE
Wachstumsringe wie die im Holz heutiger Bäume sind bei diesem verkieselten Holz gut zu erkennen. Sie geben Aufschluß über das jahreszeitliche Wachstum des Baumes und das Klima, das zur Lebenszeit des Baumes herrschte.

BLÜTENBLÄTTER
Blütenpflanzenfossilien findet man recht häufig, doch die zarten, kurzlebigen Blüten sind kaum erhalten. Daher stellen die denen einer heutigen Primel ähnlichen Blütenblätter einer *Porana* aus dem Miozän eine Besonderheit dar.

Fossile Blüte

Heutige Primel

Fossile Brennstoffe

Erdöl und Kohle nennt man fossile Brennstoffe, weil sie aus urzeitlichen Organismen, vor allem aus Pflanzen, entstanden sind. Beim Verfeuern setzen wir - in Form von Hitze und Licht - die Energie frei, die die Pflanzen vor Jahrmillionen durch Photosynthese eingefangen haben. Fossile Brennstoffe werden in großen Mengen gefördert. Sie dienen nicht nur als Energielieferanten sondern auch als Ausgangsstoffe für die Herstellung von Kunststoffen, Arzneimitteln, etc.

Lebende Moose und Gräser

Ein Kohlensumpfwald

KOHLEPFLANZE
Dies ist der Rindenabdruck einer Pflanze, die in den riesigen Kohlesümpfen des Karbons wuchs. Etwa zwei Drittel der Kohlevorräte der Erde gehen auf die Pflanzen dieser Sümpfe zurück.

TORF
Die auf diesem Moorboden wachsenden Pflanzen werden nach ihrem Absterben zur Verdickung der Torfschicht beitragen. Getrockneter Torf dient noch heute mancherorts als Brennmaterial.

Der Riss entstand beim Trocknen.

BRAUNKOHLE
Die erste Stufe der Inkohlung (Kohlebildung), die Braunkohle, enthält meist noch Wasser, ist brüchig und zeigt beim Trocknen an der Luft Risse.

Von Pflanzen zur Kohle

Im Laufe von Jahrmillionen bildete sich aus riesigen tropischen Sumpfwäldern Kohle. Dazu waren besondere Bedingungen notwendig. Im ersten Stadium durfte kein Sauerstoff vorhanden sein, so daß der bakteriologische Abbau der Pflanzen zur Torfbildung führte. Der Torf wurde dann unter der Last von überlagernden Sand- und Tonmassen und weiterer verrottender Pflanzen begraben und zusammengepreßt. Dadurch entstand Braunkohle, später Steinkohle und bei genügend hohen Temperaturen auch Glanzkohle (Anthrazit).

BERGBAU HEUTE
Steinkohle wird meist unter Tage gefördert, Braunkohle, die relativ nahe an der Oberfläche liegt, im Tagebau.

SCHWERSTARBEIT
Früher wurde die Kohle von Männern, Frauen und Kindern in Loren durch die Stollen gezogen. Heute verrichten diese Arbeit Förderbänder oder Zugmaschinen.

Bärlapprindenabdruck

STEINKOHLE
Die schwarze Steinkohle ist die am häufigsten zum Heizen verwandte Kohle. Der Abdruck eines Bärlappbaumes (S. 36) aus dem Karbon zeigt den pflanzlichen Ursprung.

Tinte

Schuhcreme

ALLES AUS KOHLE
Kohle wird nicht nur in Privathaushalten verheizt. In Kraftwerken liefert sie Energie zum Antreiben der Generatoren, die elektrischen Strom erzeugen. Doch viele Artikel des täglichen Lebens sind ebenfalls aus Kohle, u.a. Teerkohlenseife, Tinte und Schuhcreme. Auch Medikamente, Farben, Putz- und Desinfektionsmittel, Parfüm, Nagellack, Dünger, Herbizide und Insektizide, Nylon und andere Kunststoffe werden z.T. aus Kohle hergestellt.

Teerkohlenseife

GLANZKOHLE
Anthrazit ist hart, tiefschwarz und glänzend und hat einen sehr hohen Brennwert.

Von Pflanzen zur Kohle

Erdöl und Erdgas entstanden aus winzigen Meereslebewesen, die nach ihrem Tode auf den Meeresboden sanken und von Schlamm bedeckt wurden. In Jahrmillionen wurde der Schlamm zu Stein, die organischen Reste bildeten Schichten aus kohlenstoffreichem Kerogen, einer Vorstufe des Erdöls, und schließlich Rohöl. Man findet Öl oft in einiger Entfernung vom Ursprungsort, da es in porösem Gestein durch die Poren nach oben sickert und wandert. Gelangt es an undurchlässige Gesteinsschichten, kann es nicht weiterwandern und sammelt sich in oft ausgedehnten Ölfeldern.

ÖLPFLANZE
Dies ist das stark vergrößerte Fossil einer mikroskopisch kleinen Pflanze aus den Eozänmeeren. Ähnliche Planktonpflanzen bilden die Grundlage des Erdöls. Ihre fossilen Überreste sind Geologen bei der Bewertung von Gesteinen auf der Suche nach Erdöl behilflich.

KEIN ÖL
Dieser Bohrkern enthält kein Öl.

ÖLHALTIG
Dieser dunkle poröse Bohrkern enthält Öl. Öl bildet meist keine großen unterirdischen Seen, sondern sitzt in Gesteinsporen wie in einem Schwamm.

Moderne Ölplattform

3-Rollen-Meißel

ÖL-BOHRUNGEN
Für Ölbohrungen wird meist ein 3-Rollen-Meißel-Tiefbohrer verwandt. Die Rollen am Grunde einer hohlen Bohrröhre, durch die eine schlammige Flüssigkeit gepumpt wird, rotieren und zerschneiden so das Gestein. Die Flüssigkeit schmiert und kühlt die Meißelrollen und schwemmt Gesteinsbröckchen weg.

Schweres Rohöl

Eine frühe Ölbohrung

Polyestertuch

Fossile Foraminiferen

MIKROSKOPISCHE FOSSILIEN
Fossile Foraminiferenschalen werden oft zur Altersbestimmung von Gesteinen herangezogen.

Sonnenbrille

ROHÖL
Öl zu fördern ist z. T. recht schwierig. Oft drückt gleichzeitig vorhandenes Erdgas das Öl nach oben; doch manchmal ist der Druck zu gering, das Öl muß aus der Erde gepumpt werden. Rohöle sind recht unterschiedlich. Die bei niedrigen Temperaturen entstandenen schweren Rohöle sind schwarz, dickflüssig und wachsartig. Die unter hohen Temperaturen entstandenen leichten Öle sind hell und dünnflüssig.

Leichtes Rohöl

Wachsmalkreiden

ALLES AUS ÖL
In der Raffinerie wird Öl in verschiedene Flüssigkeiten, Gase und Feststoffe zerlegt. Aus diesen wird außer Benzin, Diesel und Heizöl eine Fülle weiterer Produkte hergestellt. Viele Reinigungsmittel, Farben, Kunststoffe und Kunstfasern werden aus Erdöl hergestellt, auch diese Wachsmalkreiden, die Sonnenbrille und das Halstuch aus Polyester.

RAFFINERIERTES ÖL
In Raffinerien wird das Rohöl in komplizierten Verfahren aufbereitet.

Vom Wasser ...

Der Landgang der Wirbeltiere vor 350 Millionen Jahren wurde durch die Evolution der Lungenatmung und der Laufbeine ermöglicht. Die Fähigkeit zur Luftatmung erbten die ersten Landtiere, die Amphibien (Lurche), von ihren Vorfahren, die den heutigen Lungenfischen (S.35) ähnelten. Der Australische Lungenfisch kann über austrocknenden Tümpeln frische Luft schnappen, in deren faulendem Wasser andere Tiere zugrunde gehen. Beine zum Laufen entstanden aus muskulösen Flossen wie denen des heute noch lebenden Quastenflossers (S.61). Die meisten Amphibien besitzen ein wasserlebendes Larvenstadium (Kaulquappe) und müssen ihre Eier daher ins Wasser ablegen.

DOPPELSCHWANZ
Dieses seltsame Amphib, *Diplocaulus* aus dem Perm in Texas, USA, lebte in Teichen und Bächen.

FOSSILER FROSCH
Bei diesem fossilen Frosch handelt es sich um ein *Discoglossus*-Weibchen. Es stammt aus dem deutschen Miozän. Ungewöhnlich: die Umrisse des Rumpfes und der langen Hinterbeine sind zu sehen. Frösche traten erstmals in der Trias auf, sind aber aufgrund ihrer zarten, schnell verwesenden Knochen selten fossil erhalten.

FOSSILE KAULQUAPPE
Noch seltener als Froschfossilen sind die ihrer Kaulquappen. Bei diesem *Pelobates* aus dem Känozoikum sieht man deutlich die beiden Augen.

EWIGE JUGEND
Der Axolotl ist ein ungewöhnlicher Salamander aus Mittelamerika. Er verharrt zeitlebens in einem "Larvenstadium" und lebt ständig im Wasser, wo er mit seinen federartigen äußeren Kiemen atmet. Der aus dem Aztekischen stammende Name Axolotl bedeutet "Wasserungeheuer".

VERSCHIEDENE ENTWICKLUNGSSTADIEN
Wie die meisten Amphibien, legen auch Frösche in der Regel ihre Eier ins Wasser ab. Aus diesen entwickeln sich wasserlebende Kaulquappen. Diese machen verschiedene Entwicklungsstadien durch, bevor sie das Wasser als Miniaturfrösche verlassen. Die Lungen ersetzen die Kiemen, Vorder- und Hinterbeine wachsen, der Schwanz verschwindet.

AMPHIB VON HEUTE
Die ersten Landbewohner unterschieden sich in vielfacher Hinsicht von den heute lebenden Amphibien wie Fröschen, Kröten, Molchen und Salamandern. Die Abbildung zeigt eine moderne Kreuzkröte.

FRÜHER VORFAHR
Eines der ersten Amphibien, *Ichthyostega*, findet man im Devongestein Grönlands. Manche Paläontologen sehen in ihm den Vorfahr aller späteren Amphibien. *Ichthyostega* konnte auf dem Land laufen, besaß Lungen, aber noch eine Schwanzflosse wie ein Fisch.

Schlammspringer

FISCH AUSSERHALB DES WASSERS
Das seltsame Verhalten des Schlammspringers könnte dem der ersten Amphibien gleichen. Schlammspringer leben in den Mangrovensümpfen und schlammigen Ästuaren der Tropen. Sie können sich mit Hilfe ihrer Vorderflossen aus dem Wasser stemmen, obwohl sie keine Lungen zur Luftatmung besitzen.

Salamander

MODERNE GRUPPE
Salamander gehören wie die heutigen Molche und Frösche zu einer modernen Amphibiengruppe, den Lissamphibien.

Benthosuchus-Schädel

HEIMAT DES *ERYOPS*
Man nimmt an, daß *Eryops* ähnlich lebte, wie heute die Krokodile. Er war ein wendiger Räuber und konnte wahrscheinlich sowohl zu Wasser als auch zu Land auf Beutefang gehen.

GUT ERHALTENER SCHÄDEL
Dieser Amphibienschädel kommt aus der Trias der UdSSR. *Benthosuchus* lebte im Süßwasser, ernährte sich von Fischen und ähnelte wahrscheinlich einem kleinen Krokodil.

Besonders starkes Rückgrat zur Stütze des Körpers

Sehr dicke Oberschädelknochen

Große Augenhöhle

Scharfe Zähne eines Fleischfressers

Kräftige Schulterknochen

Kurze, plumpe Beine trugen den schweren Körper.

Eryops-Skelett

PLUMPES SKELETT
Dieses Skelett stammt von *Eryops*, einem Amphib aus dem Perm. Fossilien fand man in den USA in Texas, Oklahoma und Neumexiko. *Eryops* war plump, hatte einen kräftigen Knochenbau und wurde bis zu 2 m lang. Die Zähne waren scharf und spitz, was eine räuberische Ernährung nahelegt. Die kurzen aber kräftigen Beine konnten den massigen Körper gut tragen: eine Voraussetzung für das Landleben.

... aufs Land

Es gibt heute drei Hauptgruppen von Reptilien: Eidechsen und Schlangen, Schildkröten, Krokodile. Eine vierte Gruppe hat nur eine Vertreterin, die Brückenechse oder Tuatara (S.60). Die Zahl der heute lebenden Reptilien wird weit übertroffen von der Zahl der ausgestorbenen Arten, besonders von den Reptilien des Mesozoikums, zu denen Dinosaurier (S.48-51), Pterosaurier (S.52) sowie Ichthyosaurier und Plesiosaurier (S.46-47) gehörten. Die ersten reptilischen Fossilien stammen aus dem Karbon und sind etwa 300 Millionen Jahre alt. Es ist anzunehmen, daß diese Reptilien schon die beiden wichtigen Anpassungen aufwiesen, die sie im Gegensatz zu den Amphibien vom Wasser unabhängig machten: Sie legten Eier, die sich an Land entwickelten (unten), und besaßen eine schuppige Haut, die ihren Körper vor Austrocknung schützte.

Es gibt heute über 2000 Schlangenarten.

VERGRABENE EIER
Meeresschildkröten kommen zur Eiablage an Land und vergraben ihre Eier im warmen Sand tropischer Strände, dann kehren sie ins Meer zurück. Heutige Lederschildkröten können bis zu 2,5 m lang werden. *Archelon* aus der Kreidezeit erreichte jedoch über 4 m Länge.

SCHUTZPANZER
Von *Trionyx*, einer Schildkröte aus dem Eozän, ist hier nur der schützende Rückenpanzer erhalten, die Knochen fehlen. Die ersten Schildkröten traten in der Trias auf und konnten wahrscheinlich im Gegensatz zu heutigen Arten Kopf, Beine und Schwanz nicht unter den Panzer ziehen. Sie besaßen auch noch Zähne, die bei heutigen Arten durch Kauleisten aus Horn ersetzt sind.

LANDREIF
Schildkröteneier enthalten Flüssigkeit und besitzen eine schützende Lederhaut. Der Embryo entwickelt sich im Ei und schlüpft als Tier, das an Land atmen und leben kann.

Moderne Treppennatter

BEINLOSES WIRBELTIER
Schlangen lassen sich fossil erstmals gegen Ende der Kreidezeit nachweisen. Vollständige Fossilien sind selten, einzelne Wirbel häufiger. Diese einzeln gefundenen *Palaeophis*wirbel aus dem Paleozän von Mali ergeben zusammen den Eindruck einer Schlangenwirbelsäule. Schlangen entstanden wahrscheinlich aus eidechsenartigen Vorfahren. Ihre Beine entwickelten sich zurück, bis sie gänzlich verschwanden. Man deutet dies als Anpassung an eine grabende Lebensweise, die die Schlangen später wieder ablegten. Charakteristisch für heute lebende Schlangen sind Giftzähne, mit denen sie ihrer Beute lähmendes Gift einspritzen, und locker verbundene Schädelknochen, die es ihnen ermöglichen, das Maul weit aufzureißen und große Beutetiere zu verschlingen.

Meeresechsen

Im Mesozoikum, als die Dinosaurier das Land beherrschten, lebten auch im Meer riesige Reptilien, die Meeresechsen: Ichthyosaurier (Fischechsen), Plesiosaurier (Schwanenhalsechsen) und gegen Ende des Mesozoikums zunehmend mehr Mosasaurier (Maasechsen). Ihre fossilen Reste gaben wahrscheinlich den Geschichten von feuerspeienden Seeungeheuern Nahrung. Die Lebensweise dieser Reptilien ähnelte der heutiger Meeressäuger wie der Delphine und anderer kleiner Walen oder der Robben. Einige ernährten sich von Fischen, andere von Belemniten (S.29) und anderen Weichtieren (S.26-29). Alle Meeresechsen waren Lungenatmer und mußten deshalb in bestimmten Zeitabständen auftauchen. Am Ende der Kreidezeit, vor 65 Millionen Jahren, starben Ichthyosaurier, Plesiosaurier und Mosasaurier, ebenso wie die Dinosaurier, aus.

MARY ANNING
Mary Anning (1799-1847) sammelte Fossilien in der Nähe ihres Hauses in Lyme Regis an der Südküste Englands. Die dortigen Klippen sind reich an Fossilien von Meerestieren aus dem Jura. Zwischen 1810 und 1812 gruben Mary und ihr Bruder einen kompletten Ichthyosaurier aus (den man damals für ein Krokodil hielt) und verkauften ihn für die damals große Summe von 23 £.

ÄHNLICHKEIT
Die ähnliche Form von Ichthyosauriern und Delphinen läßt auf eine ähnliche Lebensweise schließen.

Rückenflosse zum Steuern

Wirbelsäule

Knick in der Wirbelsäule

Kräftiger Schwanz zum Schwimmen

Ein Mosasaurier

Spitzer Zahn

Bergung eines Mosasaurierkiefers aus einem Kalkbergwerk im holländischen Maastricht im 18.Jh.

KIEFER EINER RIESENECHSE
In diesem Kieferfragment eines Mosasauriers aus der Kreide sieht man drei spitze Zähne. Mosasaurier gehören in die Verwandtschaft der heutigen Warane, doch letztere leben an Land. Mosasaurier wurden bis zu 9 m lang und waren langsam schwimmende Räuber. Sie gaben erdgeschichtlich gesehen nur ein kurzes Gastspiel auf der Erde, denn man kennt sie nur aus der späten Kreidezeit.

SAMUEL CLARKE
Samuel Clarke (1815-1898), ein Amateurgeologe aus der Nähe von Lyme Regis, führte Experten zu den am ehesten Meerechsenfossilien versprechenden Stellen dieser Gegend. Hier hält er einen 1863 gefundenen Plesiosaurierschädel.

Knöcherner Augenring

Kleine Spitze Zähne

EIN MAUL VOLLER ZÄHNE
Die langen Ichthyosaurierschnauzen waren voll kleiner spitzer Zähne. Ichthyosaurier besaßen große Augen, die Knochenringe um die Augenhöhlen verbesserten die Fähigkeit zur Sehschärferegulierung. Die Nasenlöcher lagen weit oben am Schädel, wie es bei den heutigen Walen der Fall ist. Dies macht das Luftholen einfacher, wenn die Tiere zum Atmen an die Wasseroberfläche kommen.

KAMPF DER SEEUNGEHEUER
Fantasie-Begegnung zwischen einem Ichthyosaurier und einem Plesiosaurier

Umrisse des Körpergewebes

Nackenwirbel dicht zusammen

Langgestreckter Kiefer

Zähne dicht an dicht

Augenhöhle

STROMLINIENFÖRMIGER RÄUBER
Die Stromlinienform eines Fischsauriers ist bei diesem Exemplar aus dem Jura deutlich erkennbar, da nicht nur das Skelett, sondern auch die Körperumrisse erhalten sind. Die Halswirbel lagen dicht zusammen, so daß der Kopf sanft in den Körper überging. Diese Form ist typisch für schnell schwimmende Räuber wie z.B. auch die heutigen Delphine. Ichthyosaurier schwammen mit Hilfe ihres kräftigen Schwanzes. Die Wirbelsäule war im Schwanz nach unten geknickt, unterstützte also den unteren Flossenteil. Bei der Entdeckung der ersten Skelette dachte man, daß die Schwänze zerbrochen wären. Rückenflossen und Paddel dienten zum Steuern und Gleichgewichthalten. Im Gegensatz zu den meisten Reptilien waren die Ichthyosaurier lebendgebärend. Einige fossile Tiere wurden mit Jungtieren in der Bauchhöhle gefunden, außerdem sind auch gebärende Mütter fossil belegt.

Steuerruder

RUDERKRAFT
Die Beine der Plesiosaurier waren als kräftige Paddel ausgebildet, die wahrscheinlich beim Schwimmen auf und ab bewegt wurden.

DIE ZEIT DER FISCHSAURIER
Die Ichthyosaurier traten erstmals in der Trias auf, waren im Jura häufig und lebten bis in die Kreide.

Fossile Riesen

Die eindrucksvollsten Fossilien sind wohl die der Dinosaurier. Es gab viele verschiedene Dinosaurierarten und die Herrschaft dieser Reptilien dauerte 150 Millionen Jahre, von der Trias bis ans Ende der Kreidezeit. Nicht alle Dinosaurier waren Riesen, es gab kleine und große Arten. Einige waren Pflanzenfresser, andere lebten räuberisch. Es gab gepanzerte Dinosaurier und solche mit Stachel- oder Keulenschwänzen. Skelettfunde bilden die Grundlage unseres Wissens über diese Tiere. Anhand der Skelette kann man Dinosaurier rekonstruieren (S.14). Über die Farbe geben die Fossilien keinen Aufschluß. Man nimmt an, daß sie der heutiger Reptilien ähnelte. Über das mysteriöse Aussterben der Dinosaurier am Ende der Kreidezeit gibt es viele Theorien. So könnte eine Klima- oder Vegetationsveränderung der Auslöser gewesen sein. Die Dinosaurier starben aber nicht alle auf einmal aus. Am Ende der Kreidezeit waren von den einstmals Hunderten von Arten nur noch weniger als zwanzig übrig.

MAGENMÜHLE
Apatosaurus aus dem Jura wog etwa 30 Tonnen. Wie alle Sauropoden war er ein Pflanzenfresser. Sein langer Hals ermöglichte es ihm, Baumwipfel abzuweiden. Die Zähne waren relativ klein; daher nimmt man an, daß *Apatosaurus* ähnlich wie die heutigen Krokodile - Steine verschluckte, die dann wie eine Mühle im Magen die Nahrung zerrieben.

UNGEHEUERSUCHE
Obwohl all die riesigen Reptilien des Mesozoikums längst ausgestorben sind, suchen manche noch heute nach überlebenden Vertretern.

PFLANZENFRESSER
Einer der letzten Dinosaurier war der *Edmontosaurus*. Er gehörte zu den Hadrosauriern (Entenschnabelsauriern), die bis zu 13 m lang wurden. Früher nahm man an, daß Entenschnabelsaurier halb untergetaucht durchs Wasser watend in Sümpfen lebten und sich von Wasserpflanzen ernährten. Funde fossiler Landpflanzen zusammen mit Hadrosauriern legen jedoch nahe, daß diese Tiere von Bäumen und Sträuchern lebten. Diese konnten sie mit ihren kräftigen Zähnen abweiden - *Edmontosaurus* besaß etwa 1000 Zähne. Entenschnabelsaurier legten ihre Eier in Hügelnestern ab. In Montana (USA) fand man eine ganze Brutkolonie. Die Nester lagen dicht beieinander und enthielten Junge verschiedenen Alters. Daraus schließt man, daß die Tiere in Herden lebten und Brutfürsorge betrieben.

Edmontosaurus

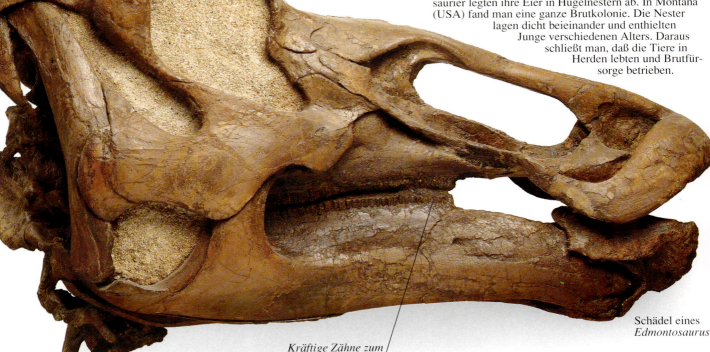

Kräftige Zähne zum Blätterzermalmen

Schädel eines *Edmontosaurus*

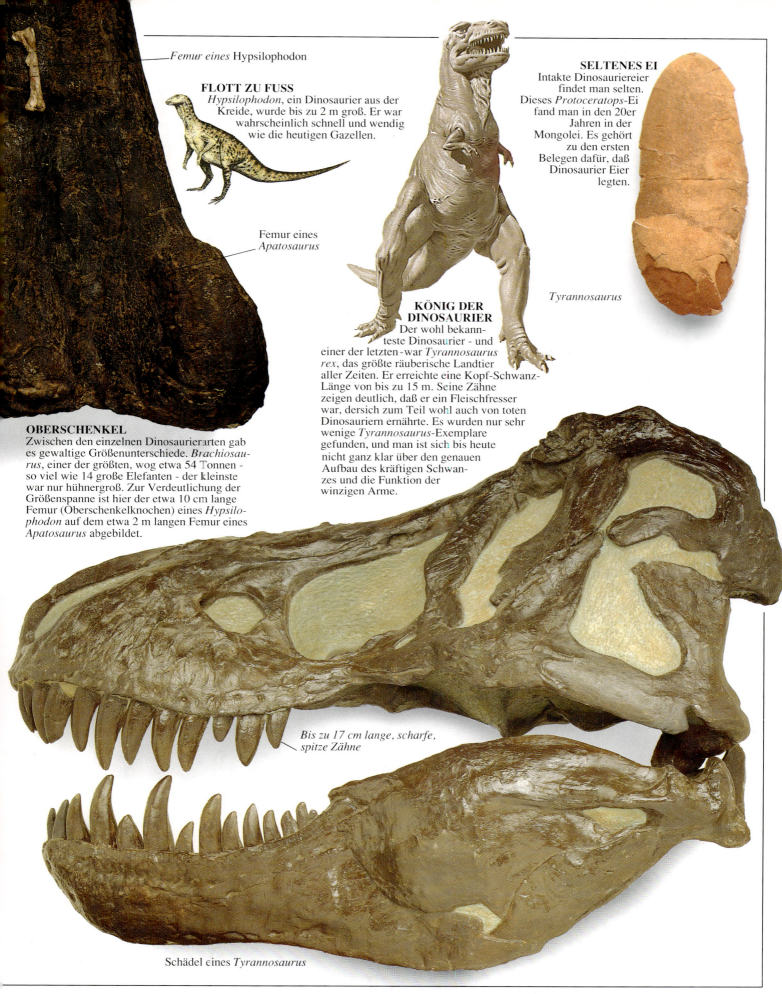

Femur eines Hypsilophodon

FLOTT ZU FUSS
Hypsilophodon, ein Dinosaurier aus der Kreide, wurde bis zu 2 m groß. Er war wahrscheinlich schnell und wendig wie die heutigen Gazellen.

Femur eines Apatosaurus

SELTENES EI
Intakte Dinosauriereier findet man selten. Dieses *Protoceratops*-Ei fand man in den 20er Jahren in der Mongolei. Es gehört zu den ersten Belegen dafür, daß Dinosaurier Eier legten.

Tyrannosaurus

KÖNIG DER DINOSAURIER
Der wohl bekannteste Dinosaurier - und einer der letzten - war *Tyrannosaurus rex*, das größte räuberische Landtier aller Zeiten. Er erreichte eine Kopf-Schwanz-Länge von bis zu 15 m. Seine Zähne zeigen deutlich, daß er ein Fleischfresser war, der sich zum Teil wohl auch von toten Dinosauriern ernährte. Es wurden nur sehr wenige *Tyrannosaurus*-Exemplare gefunden, und man ist sich bis heute nicht ganz klar über den genauen Aufbau des kräftigen Schwanzes und die Funktion der winzigen Arme.

OBERSCHENKEL
Zwischen den einzelnen Dinosaurierarten gab es gewaltige Größenunterschiede. *Brachiosaurus*, einer der größten, wog etwa 54 Tonnen - so viel wie 14 große Elefanten - der kleinste war nur hühnergroß. Zur Verdeutlichung der Größenspanne ist hier der etwa 10 cm lange Femur (Oberschenkelknochen) eines *Hypsilophodon* auf dem etwa 2 m langen Femur eines *Apatosaurus* abgebildet.

Bis zu 17 cm lange, scharfe, spitze Zähne

Schädel eines Tyrannosaurus

Entdeckung der Dinosaurier

KRALLENENTDECKER
Bill Walker entdeckte 1983 die Kralle eines *Baryonyx*.

Vor gut 150 Jahren wurden die ersten Dinoaurierfossilien beschrieben. Der englische Arzt Gideon Mantell fand im Süden Englands zuerst einige Zähne, später auch Knochen des *Iguanodon*. Später fand man dort auch Knochen des *Megalosaurus* und des *Hylaeosaurus*. 1841 gab Sir Richard Owen, einer der führenden britischen Anatomen, diesen Tieren den Namen Dinosaurier, "Schreckensechsen". Später fand man noch mehr Dinosaurierfossilien rund um die Welt.

MANTELLS ZAHN
Dies ist einer der Zähne des von Mantell entdeckten und benannten *Iguanodon*.

Besonders in Nordamerika entdeckte man in der zweiten Hälfte des 19. Jahrhunderts und bis ins 20. Jahrhundert viele Dinosaurierreste. Weitere Funde stammen aus Tansania, China und der Mongolei. Auch heute noch findet man Fossilien schon bekannter und bisher noch unbekannter Arten. Nahezu jede Entdeckung bringt uns ein Stück weiter in unserem Wissen um diese großartigen ausgestorbenen Reptilien.

MANTELLS STEINBRUCH
Mantell war Arzt und ein begeisterter Fossiliensammler. Die *Iguanodon*zähne und -knochen, die er beschrieb, stammen aus einem alten Steinbruch in der Gegend von Cuckfield im Süden Englands. Hier wurde Kreidegestein als Schotter abgebaut.

GROSSES REPTIL
1824 entdeckte William Buckland im englischen Stonesfield einige Dinosaurierknochen. Er nannte das Tier Megalosaurus ("großes Reptil"). Bucklan, später Dekan von Westminster in London, lehrte damals Geologie an der Universität von Oxford. Dieser Kieferknochen eines Megalosaurus stammt aus der gleichen Gegend wie Bucklands Funde.

ABER NICHT DER GRÖSSTE
Megalosaurus, ein Fleischfresser aus dem Jura, war ein Verwandter des bekannteren *Tyrannosaurus*.

EDWARD DRINKER COPE
Zwischen 1870 und 1900 leitete der "Fossilienjäger" Cope großangelegte Ausgrabungsunternehmen im "Wilden Westen" der USA. Cope und sein Rivale Marsh lieferten sich auf der Suche nach Dinosaurierfossilien regelrechte "Knochenschlachten". Jeder wollte die meisten neuen Arten beschreiben.

OTHNIEL CHARLES MARSH
Diese Karikatur zeigt Marsh als Zirkusdirektor, der seine prähistorischen Tiere vorführt. Die Rivalität zwischen Cope und Marsh beschränkte sich nicht auf Beschimpfungen, sondern führte dazu, daß beide unvollständige Fossilien in "ihren" Steinbrüchen zerstörten, damit sie der andere nicht später fand.

1 AUSGRABUNG VON DINOSAURIER-KNOCHEN IN MONTANA
Große Knochen werden mit einem Bohrer geborgen. Die anhaftenden Gesteinsreste werden später im Labor entfernt.

2 KNOCHENSCHUTZ
Zerbrechliche Knochen werden in einem Gipsmantel transportiert: man umwickelt sie mit gipsgetränkten Mullbinden. Heute verwendet man auch Polyurethanschaum zur Ummantelung.

3 KNOCHENENTNAHME
Nach sorgfältiger Beschriftung zur späteren Bestimmung werden die Knochen aus der Klippe geborgen und ins Labor gebracht. Noch in Gestein eingebettete große Knochen lassen sich schwer heben, am besten geht es mit einem Flaschenzug.

BEDEUTENDE KRALLE
Der Hobbysammler Bill Walker grub vor einigen Jahren eine spektakuläre Kralle aus einer Tongrube in Surrey, England, aus. Paläontologen der naturgeschichtlichen Abteilung des Britischen Museums in London erkannten die Bedeutung dieser Entdeckung, bald fand man weitere Knochen. Der Dinosaurier mit der großen Kralle gehörte zu einer noch unbekannten Gattung. Er wurde nach seinem Entdecker *Baryonyx walkeri* benannt.

Oberarm

Krallenknochen

Zehenknochen

FISCHFRESSER
Baryonyx ernährte sich - ungewöhnlich für Dinosaurier - von Fisch. Sein Kopf hatte die Form eines fischfressenden Krokodils, und man fand Fischschuppen in seinem Brustkorb

Geflügelte Naturwunder

Die ersten fliegenden Tiere waren Insekten; fossile Libellen fand man in über 300 M.J. altem Gestein. Fliegende Wirbeltiere traten etwa 100 M.J. später auf. Der aktive Flug entwickelte sich unabhängig bei drei nicht näher verwandten Wirbeltiergruppen: den ausgestorbenen Flugsauriern (Pterosauriern), den Fledermäusen und den Vögeln. Die Pterosaurier waren Reptilien und mit den Dinosauriern (S.48-51) verwandt. Sie besaßen einen stark verlängerten vierten Finger, der die dünne, hautbedeckte Flugmembran aus Muskeln und elastischem Bindegewebe, stützte. Bei den Vögeln bilden mehrere Finger und der Unterarm das knöcherne Flügelgerüst. Fledermäuse sind fliegende Säugetiere. Ihre Flügel bestehen aus einer Flugmembran ähnlich der der Flugsaurier, werden jedoch von vier Fingern gestützt. Da die Knochen fliegender Wirbeltiere leicht sein müssen, sind sie sehr zerbrechlich und daher nur selten fossil erhalten.

VOGEL GREIF
Flugsaurierfossilien beflügelten die Vorstellungen von Science-Fiction-Autoren.

FLÜGELSTÜTZE
Dies ist einer der langen Fingerknochen, die den Flügel eines *Pteranodon*, eines der größten Flugtiere, stützten. Die Flügelspannweite dieses Kreide-Pterosauriers betrug ca. 7 m.

BALANCEHELM
Pteranodon besaß als Gegengewicht zum langen, zahnlosen Schnabel einen langen Knochenfortsatz am Hinterkopf. Dieser fischfressende Pterosaurier segelte wie die heutigen Albatrosse über das Meer.

PELZIGES REPTIL
Pterodactylus, ein kleiner Flugsaurier aus dem Jura, besaß häutige Flügel, Krallen, einen bezahnten Schnabel und einen mit weichem Fell bedeckten Körper. Belege für den Pelz stammen aus Kasachstan in der UdSSR, wo man Fossilien mit Fellabdrücken fand. Das könnte bedeuten, daß die Pterosaurier warmblütig waren und das Fell zur Isolation diente. Der Schwanz von *Pterodactylus* war kurz, und das Tier hatte nur eine Flügelspannweite von 50 cm. Andere Pterosaurier, so auch *Rhamphorhynchus* mit 1,5 m Flügelspannweite, besaßen lange Schwänze. Die Pterosaurier traten erstmals in der Trias auf und starben am Ende der Kreidezeit aus.

Gezähnter Schnabel

Stark verlängerter vierter Finger

Häutiger Flügel

Kurzer Schwanz

Fellbedeckter Körper

Krallen

FLUGSÄUGER
Die Ähnlichkeit zwischen dieser Fledermaus und den Pterosauriern ist augenfällig. Die Fledermäuse stammen aus dem Eozän. Da Fledermäuse in Scharen in Höhlen schlafen, findet man dort auch gehäuft Fossilien.

FALSCH EINGEORDNET
Der Dinosaurier *Compsognathus* gehört zu einer Gruppe, die als Vorläufer der Vögel angesehen wird. Das Eichstätter Exemplar des *Archaeopteryx* hielt man zunächst sogar für einen *Compsognathus*. Erst 1973 korrigierte man den Fehler.

Abdrücke von Federn
Finger bekrallt wie bei einem Reptil
Im Gegensatz zu heutigen Vögeln bezahnter Schnabel
Archaeopteryx *hatte eine Flügelspannweite von etwa 50 cm.*

Fossile Feder

Moderne Vogelfeder

DER ERSTE VOGEL
Archaeopteryx lebte vor 150 M.J. Seine bisher nur in Deutschland gefundenen Fossilien gelten als die wertvollsten der Welt. Seit der Entdeckung des ersten Exemplars 1861, das sich heute im Naturkundlichen Museum in Ostberlin befindet, hat man nur fünf weitere Exemplare dieses Brückentiers zwischen Reptilien und Vögeln gefunden, z.T. mit deutlichen Federabdrücken.

SELTENER FUND
Nur Vögel haben Federn. Man findet diese jedoch nur selten fossil und nur in sehr feinkörnigem Sediment wie diesem Kalkstein aus dem Oligozän.

Knochenschwanz wie bei Reptilien
Krallen

Strauß

ELEFANTENEI
Der über 2 m große Elefantenvogel *Aepyornis maximus* wurde in Madagaskar gefunden. Seine fossilen Eier sind die größten bekannten Vogeleier. Sie hatten einen Umfang von bis zu 90 cm. Hier ist eines dieser Eier neben einem Straußenei, dem größten Ei eines heute lebenden Vogels, abgebildet.

Straußenei

Elefantenvogelei

Moderner Tropikvogel

Elefantenvogel

GUT ERHALTENER SCHÄDEL
Vogelfossilien sind selten. Dieser Schädel aus dem Eozän stammt von einem *Prophaëton*, der von einigen Wissenschaftlern als naher Verwandter des Tropikvogels *Phaëton* angesehen wird.

Säugetiere

So verschiedene Tiere wie Mäuse, Elefanten, Känguruhs, Fledermäuse, Wale, Pferde und auch wir Menschen gehören alle zur Klasse der Säugetiere. Säugetiere sind Warmblüter und säugen ihre Jungen mit Milch, die in speziellen Milchdrüsen gebildet wird. Die meisten Säuger bringen lebende Junge zur Welt, besitzen eine behaarte Haut, ein kompliziertes Gebiß und sind sehr aktiv. Bei den Placentatieren, z.B. bei der Katze, entwickeln sich die Jungen im Mutterleib. Die Jungen der Beuteltiere (S.56-57), z.B. des Känguruhs, entwickeln sich nach der Geburt in einem Bauchbeutel der Mutter weiter. Die ersten Säuger traten vor etwa 200 Millionen Jahren auf, ungefähr zur selben Zeit wie die frühen Dinosaurier. Die Säuger des Mesozoikums waren kleine, spitzhörnchenartige Tiere, doch im Känozoikum entstand die uns bekannte Artenfülle. Vollständige Säugerfossilien sind selten; von vielen Arten kennt man nur die Zähne. Doch anhand dieser spärlichen Funde läßt sich ein Bild von der Artenfülle und Lebensweise der Säuger entwickeln.

Ischyromys-Schädel

Meißelförmige Schneidezähne

Beeren

Modernes Eichhörnchen

NAGER
Zu den Nagern, einer der artenreichsten Säugergruppen, gehören unter anderem Ratten, Mäuse und Eichhörnchen. Die langen meißelförmigen Schneidezähne (Nagezähne) wachsen zeitlebens nach. Der abgebildete Schädel stammt von einer *Ischyromys* aus den berühmten oligozänen Säugerlagerstätten am White River in Süddakota, USA.

Ameisen

Orycteropus-Schädel

Modernes Erdferkel

INSEKTENFRESSER
Insektenfressende Säugetiere sind meist klein. Zu ihnen gehören Spitzmäuse und Maulwürfe. Das Erdferkel *Orycteropus* aus dem Miozän war ein Ameisenfresser. Ameisenfressende Säuger besitzen einige Gemeinsamkeiten, dazu gehört ein langer, harter Gaumen, der mit verhindert, daß die Ameisen in die Luftröhre gelangen.

Hochkronige Backenzähne

Modernes Kamel

Cainotherium-Schädel

EISZEITSÄUGER
Die elefantenartigen Mammuts waren an das kalte Klima der Eiszeiten im Pleistozän angepaßt. In Sibirien fand man einige tiefgefrorene Skelette (S.20).

PFLANZENFRESSER
Viele pflanzenfressende Säugetiere besitzen hochkronige Backenzähne, die der ständigen Abnutzung durch Pflanzenkauen Widerstand leisten können. Man unterscheidet Blattfresser und Grasfresser. Dieser Schädel stammt von *Cainotherium*, einem hasengroßen Blattfresser, dessen nächster lebender, aber doch sehr weitläufiger Verwandter wahrscheinlich das Kamel ist.

Harte Schmelzleisten

MAHLZAHN
Mammuts waren riesig und benötigten Riesenmengen an Pflanzennahrung. Ihre großen hochkronigen Zähne besaßen harte Schmelzleisten auf den Kauflächen, die für gute Nahrungszerkleinerung sorgten.

Blätter

Proconsul-Schädel

Typisch für Fruchtfresser: stumpfe Zähne

Moderner Affe

Früchte

Nüsse

FRUCHTFRESSER
Affen und Menschen gehören zur Säugerordnung der Primaten (Herrentiere). Viele Primaten sind Allesfresser, einige sind auf Früchte spezialisiert. Hier ist der Schädel eines *Proconsul* aus dem Miozän abgebildet. Die stumpfen Zähne sind typisch für einen Fruchtfresser. Die eiweißarme Fruchtnahrung hat *Proconsul* wohl durch Blätter aus den Bäumen, in denen er lebte, ergänzt.

EOZÄNLANDSCHAFT
Im Eozän breiteten sich die Säuger aus. Viele der damaligen Säugergruppen haben keine lebenden Vertreter mehr.

Hoplophoneus-Schädel

Großer Eckzahn

Fleisch

Säbelzahntiger

RAUBTIERE
Raubtiere ernähren sich von Fleisch und besitzen lange Eckzähne zum Reißen der Beute. Am ausgeprägtesten waren die Eckzähne bei den Säbelzahnkatzen und Säbelzahnbeutlern entwickelt. Dieser Schädel stammt von dem Säbelzahntiger *Hoplophoneus* aus dem Oligozän. Fossil sind eine ganze Reihe von Säbelzahnkatzenarten belegt, doch alle sind ausgestorben.

Eckzahn

Potamotherium-Zahn

FISCHFRESSER
Potamotherium lebte in Süßwasserseen des frühen Miozäns und ernährte sich von Fisch. Es ähnelte einem heutigen Fischotter, war aber besser an das Wasserleben angepaßt. Es könnte ein Vorläufer der Robben gewesen sein, die sich im späten Miozän im Meer ausbreiteten.

Fisch

Moderne Fischotter

Eine Welt für sich

Ein boxendes Känguruh

Australien ist ein Inselkontinent. Geologische Untersuchungen zeigen, daß er seit 50 Millionen Jahren isoliert ist, seit Plattenbewegungen (S.12-13) den Kontinent von der Antarktis wegdriften ließen. Daher gibt es in Australien so viele Beuteltiere. Beuteltiere unterscheiden sich von anderen Säugern vor allem dadurch, daß sich ihre sehr früh geborenen Jungen in einem Bauchbeutel weiterentwickeln. Die Beutel sind nicht als Versteinerungen erhalten, doch auch an Knochen- und Zahnbau lassen sich fossile Beuteltiere erkennen. Die Beuteltiere entwickelten in Australien eine große Artenfülle, da sie hier nicht wie in anderen Erdteilen von den meist überlegenen Placentatieren verdrängt wurden. Fossil sind viele ausgestorbene Beuteltierarten belegt, darunter auch *Diprotodon*, das den größten Raum auf diesen beiden Seiten einnimmt. Es gibt auch heute noch viele Beuteltierarten in Australien, darunter auch das Känguruh und den Koala. Weitere nur in Australien vorkommende außergewöhnliche Säuger sind die Eierlegenden Säugetiere (Monotremen): Schnabeltier und Schnabeligel.

Vor 60 Millionen Jahren

Vor 45 Millionen Jahren

Ein Hüftknochen (Ilium) verbindet das Becken mit der Wirbelsäule.

ZWEI VORDERZÄHNE
Dieses *Diprotodon*-Skelett ist etwa 3 m lang. *Diprotodon* ("zwei Vorderzähne") hatte lange, nagerähnliche Schneidezähne, die zum Abreißen von Pflanzennahrung dienten. Bedeutsam sind die beiden Beutelknochen, die als Unterscheidungsmerkmal zwischen Beutel- und Placentatieren herangezogen werden können. *Diprotodon* stammt aus dem Pleistozän, und man fand eine Reihe von Skeletten im Lake Callabonna, einem ausgetrockneten See in Südaustralien. Einige alte Ureinwohnerzeichnungen könnten die Jagd auf *Diprotodon* darstellen, was bedeuten würde, daß dieses Tier erst vor relativ kurzer Zeit ausgestorben wäre.

Schwanzwirbel

Beutelknochen stützen den Bauchbeutel.

KONTINENTAL-VERSCHIEBUNG
Die beiden Karten zeigen die Lage Australiens vor etwa 60 M.J. (oben) und 45 M.J. (unten), nach der Trennung von der Antarktis. Die isolierte Lage verhinderte die Besiedlung Australiens durch Placentatiere, abgesehen von einigen Nagern und Fledermäusen. Sonst hätten diese die Beuteltiere verdrängt, wie es in Südamerika der Fall war. Hier starben Tiere wie der Säbelzahnbeutler *Thylacosmilus* aus, als nach der Entstehung der Landbrücke zwischen Nord- und Südamerika Placentatiere nach Süden vordrangen.

RIESENWOMBAT
Diprotodon (oben) sah wahrscheinlich wie ein langbeiniger Wombat (gegenüber) aus.

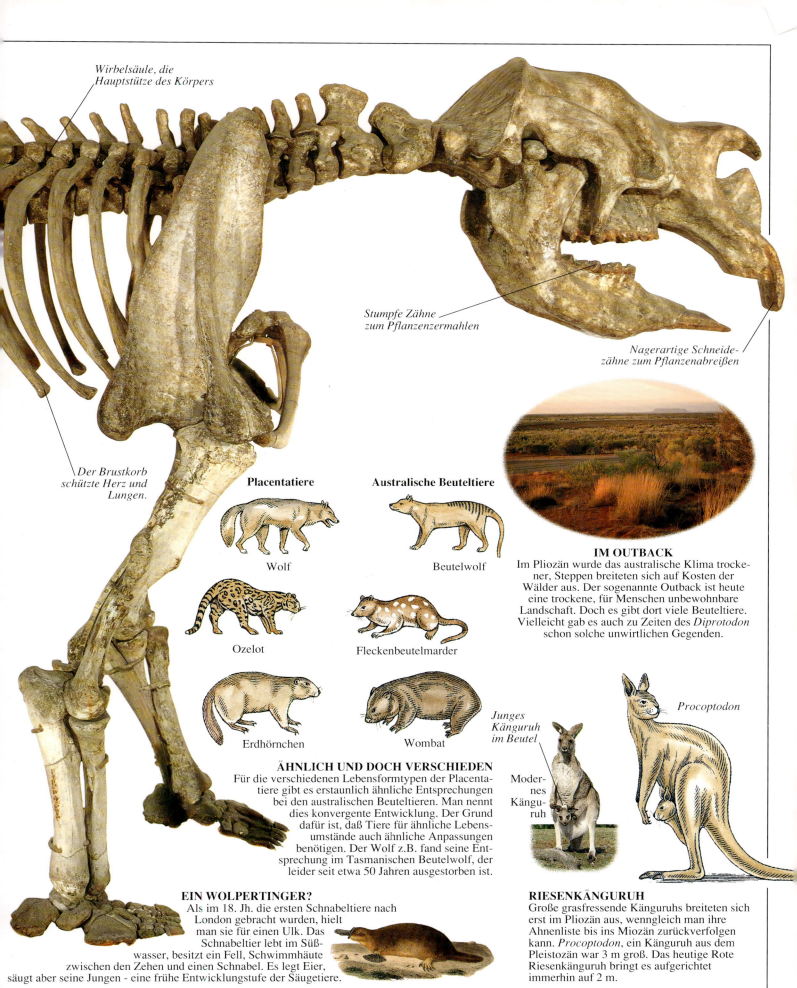

Wirbelsäule, die Hauptstütze des Körpers

Stumpfe Zähne zum Pflanzenzermahlen

Nagerartige Schneidezähne zum Pflanzenabreißen

Der Brustkorb schützte Herz und Lungen.

Placentatiere — Wolf, Ozelot, Erdhörnchen

Australische Beuteltiere — Beutelwolf, Fleckenbeutelmarder, Wombat

IM OUTBACK
Im Pliozän wurde das australische Klima trockener, Steppen breiteten sich auf Kosten der Wälder aus. Der sogenannte Outback ist heute eine trockene, für Menschen unbewohnbare Landschaft. Doch es gibt dort viele Beuteltiere. Vielleicht gab es auch zu Zeiten des *Diprotodon* schon solche unwirtlichen Gegenden.

ÄHNLICH UND DOCH VERSCHIEDEN
Für die verschiedenen Lebensformtypen der Placentatiere gibt es erstaunlich ähnliche Entsprechungen bei den australischen Beuteltieren. Man nennt dies konvergente Entwicklung. Der Grund dafür ist, daß Tiere für ähnliche Lebensumstände auch ähnliche Anpassungen benötigen. Der Wolf z.B. fand seine Entsprechung im Tasmanischen Beutelwolf, der leider seit etwa 50 Jahren ausgestorben ist.

Junges Känguruh im Beutel

Modernes Känguruh

Procoptodon

EIN WOLPERTINGER?
Als im 18. Jh. die ersten Schnabeltiere nach London gebracht wurden, hielt man sie für einen Ulk. Das Schnabeltier lebt im Süßwasser, besitzt ein Fell, Schwimmhäute zwischen den Zehen und einen Schnabel. Es legt Eier, säugt aber seine Jungen - eine frühe Entwicklungsstufe der Säugetiere.

RIESENKÄNGURUH
Große grasfressende Känguruhs breiteten sich erst im Pliozän aus, wenngleich man ihre Ahnenliste bis ins Miozän zurückverfolgen kann. *Procoptodon*, ein Känguruh aus dem Pleistozän war 3 m groß. Das heutige Rote Riesenkänguruh bringt es aufgerichtet immerhin auf 2 m.

Menschenfossilien

Fossilien von Menschen (Hominiden) sind selten und bruchstückhaft, doch in den letzten Jahren fand man zunehmend mehr. Sie geben Aufschluß über Ursprung und Entwicklung der heutigen Menschen. Unsere Entwicklungsgeschichte beginnt mit dem affenähnlichen *Australopithecus* und endet mit *Homo sapiens sapiens*. Die nächsten lebenden Verwandten des Menschen sind die afrikanischen Menschenaffen (Schimpansen und Gorillas), doch es gibt viele Unterschiede zwischen ihnen und uns. Dazu gehören das größere Gehirn des Menschen und sein aufrechter Gang. Untersuchungen an fossilen Hominiden zeigen die Entwicklung dieser Merkmale. Die ersten menschlichen Eigenschaften traten beim *Australopithecus* auf und hoben ihn dadurch von seinen eher affenartigen Vorfahren ab.

"Kugelloch"

VON AUSSERIRDISCHEN ERSCHOSSEN?
Dieser Schädel eines frühen *Homo sapiens* aus Sambia wurde durch seine schlechten Zähne und das Loch in einer Seite berühmt. Ein fantasievoller Autor sah in diesem Loch eine Schußverletzung, beigebracht von Besuchern von einem anderen Stern - vor 120 000 Jahren! In Wahrheit handelt es sich um einen teilweise abgeheilten Abzeß.

Fußabdruck eines Erwachsenen

Fußabdruck eines Kindes

ERSTE SCHRITTE
Der Erweb des aufrechten Gangs stellt einen Markstein in der Evolution des Menschen dar. Diese Fußabdrücke, 1977 von einer Forschergruppe unter Leitung von Mary Leakey in Tansania entdeckt, sind 3,6 Millionen Jahre alt. Wahrscheinlich gingen zwei Erwachsene und ein Kind der Gattung *Australopithecus* über feuchte Vulkanasche. Die Asche wurde hart und unter weiteren Asche- und Sedimentschichten begraben. Die fossilen Fußspuren zeigen, daß schon vor 3,6 Millionen Jahren eine Menschenart aufrecht laufen konnte, und stützen die Erkenntnisse, die man durch Knochenbauuntersuchungen an *Australopithecus*fossilien gewonnen hatte.

Schimpansenschädel

Menschenschädel

SCHÄDELVERGLEICH
Der Schädel eines modernen Menschen zeigt große Ähnlichkeit mit dem eines Affen (eines Schimpansen), doch man kann auch eine ganze Reihe von Unterschieden erkennen. Das Gehirn eines Menschen ist größer als das eines Schimpansen, das durchschnittliche Volumen beträgt 1400 cm³, bei einem Schimpansen 400 cm³. Daher ist auch der Hirnschädel des Menschen höher gewölbt als der des Schimpansen. Dafür ist der Gesichtsschädel des Menschen flacher. Außerdem sind die Zähne anders. So kann z.B. ein Schimpanse beim Kauen den Kiefer nicht seitlich bewegen, da seine Eckzähne übereinandergreifen.

Eingeschnitztes Rentier

ANFÄNGE DER KUNST
Dieses Rentiergeweih zeigt 12 000 Jahre alte Schnitzereien: ein männliches Rentier verfolgt ein Weibchen. Wahrscheinlich wurden die Schnitzereien mit einfachen Flintwerkzeugen angefertigt. Solche Kunstformen zeigen die Entwicklung der nur dem Menschen eigenen Kultur mit Kunst, Literatur, Musik etc.

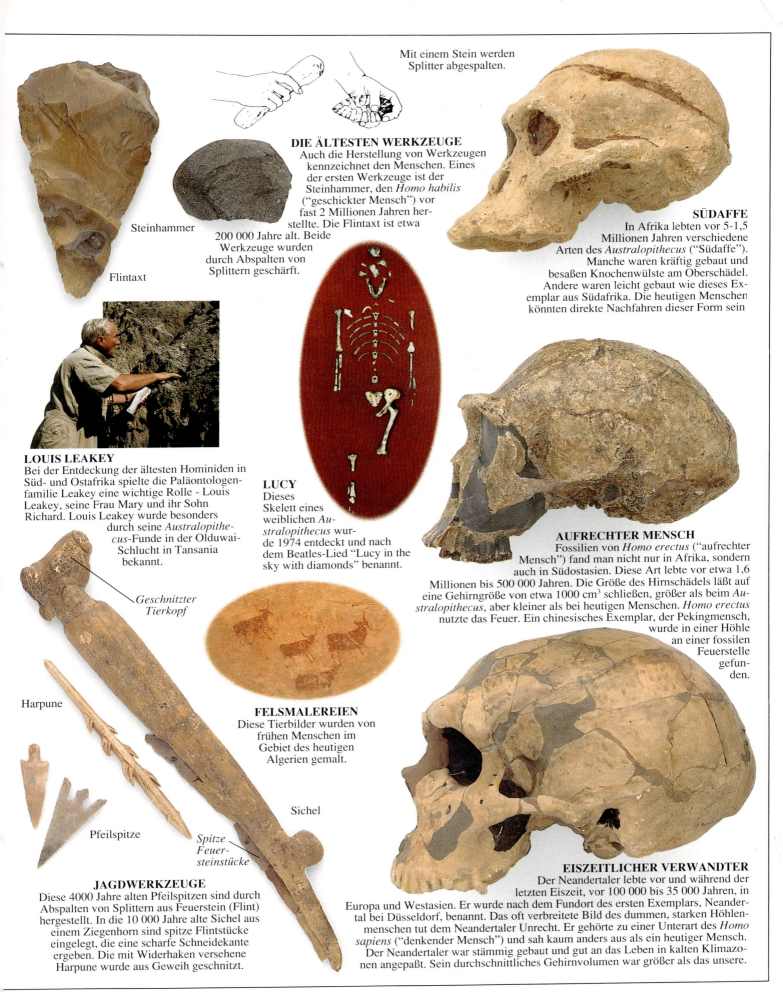

Lebende Fossilien

Fossilien zeigen uns, daß sich die Tier- und Pflanzenwelt seit Anbeginn des Lebens auf der Erde gewaltig verändert hat. So gleichen manche der heutigen Lebewesen kaum noch ihren fossilen Vorfahren. Andererseits gibt es aber auch heute noch lebende Tiere und Pflanzen, die fast genauso aussehen wie ihre fossilen Vorfahren vor Millionen von Jahren. Bespiele für solche heute sehr seltenen "lebenden Fossilien" sind der Quastenflosser und die Schlitzbandschnecken, die man fossil kannte, bevor man lebende Vertreter entdeckte. Unter den Pflanzen haben Schachtelhalme (S.36-37) aus dem Devon, Araukarien (S.36-37), der *Ginkgo* aus der Trias und die Magnolie aus der Kreidezeit, eine der ersten Blütenpflanzen, bis heute überlebt.

LETZTER ÜBERLEBENDER
Die nur auf einigen Inseln vor Neuseeland lebende Brückenechse (Tuatara) ist der einzige lebende Vertreter einer in der Trias sehr artenreichen Reptiliengruppe. Sie gleicht einer Eidechse, zeigt aber einen anderen Schädelaufbau.

FALSCHE KREBSE
Pfeilschwanzkrebse sind keine Krebse, sondern Verwandte der Spinnen und Skorpione. Der heutige Pfeilschwanzkrebs, *Limulus*, lebt vor den fernöstlichen Küsten und im Atlantik vor Nordamerika. Er zeigt große Ähnlichkeit mit dem fossilen *Mesolimulus*, der vor 150 Millionen Jahren lebte. Fossil fand man auch Süßwasser-Pfeilschwanzkrebse, die vor 300 Millionen Jahren lebten.

Fossiler Pfeilschwanzkrebs

Moderner Pfeilschwanzkrebs

URTÜMLICHES INSEKT
Die auch heute noch häufigen Schaben gehören zusammen mit den Libellen zu den ältesten Insekten und datieren zurück bis ins Karbon. Manche fossilen Schaben zeigen große Ähnlichkeit mit heute lebenden Arten.

Moderne Schaben

Fossile Schabe

Fächerförmige Blätter

Ginkgo*blatt*

Fossiler *Ginkgo*

Zweig von *Ginkgo biloba*

ALLEIN AUF WEITER FLUR
Ginkgos traten erstmals in der Trias auf und waren in der erdgeschichtlichen Vergangenheit wesentlich weiter verbreitet als heute. Jetzt gibt es nur noch eine einzige Art, *Ginkgo biloba*. Dieser Baum kommt natürlicherweise in den westchinesischen Wäldern vor, ist aber in botanischen Gärten und zunehmend auch in Vorgärten rund um die Welt zu finden. Durch die typischen fächerförmigen Blätter lassen sich Fossilien wie dieses Exemplar aus dem Jura sofort einordnen.

ALTES SÄUGETIER
Die Didelphiden, Beutelratten, zu denen u.a. die Opossums gehören, sind eine sehr alte Säugergruppe. Sie sind erstmals in der späten Kreide in Nordamerika belegt. Heutige Opossums zeigen viele Gemeinsamkeiten mit den fossilen Urahnen, doch sie weisen auch einige Unterschiede auf.

Modernes-Virginisches Nordopossum

Verschiedenzähnigkeit weist auf Mischkost-ernährung hin.

Fossiler Didelphidenschädel

Fossile Schlitzbandschnecke

WIEDERENTDECKT
Schnecken der Gattung *Pleurotomaria* (Schlitzbandschnecken) sind heute selten. Lebende Vertreter wurden erst 1856 auf felsigen Meeresböden unterhalb von 200 m Tiefe gefunden. Fast identische Schnecken waren schon länger fossil bekannt. *Pleurotomaria* selbst gibt es seit dem Jura, die Gruppe, der sie angehört, entstand vor etwa 500 Mill. Jahren im Kambrium.

Moderne Schlitzbandschnecke

Schlitz im Gehäuse

Dreilappiger Schwanz

Fossiler Quastenflosser

Wedgwoodteller zum Gedenken an den Fang eines lebenden Quastenflossers

FÜR TOT GEHALTEN
Zweifellos ist das bekannteste lebende Fossil der Quastenflosser (*Latimeria*). Quastenflosser besitzen einen charakteristischen dreilappigen Schwanz und Flossen mit armartigen Ansätzen. Sie lassen sich bis ins Devon zurückverfolgen. Man hatte angenommen, daß diese Fischgruppe in der Kreide ausgestorben sei. Doch im Dezember 1938 fing ein Fischer vor der südafrikanischen Küste ein lebendes Exemplar und erregte damit einiges Aufsehen in der Fachwelt. Seitdem wurden weitere Exemplare gefangen und in 60-400 m Wassertiefe vor den Komoren nordöstlich von Madagaskar gefilmt.

Gedenkmarken von den Komoren

GESUCHT WIRD...!
Der erste moderne Quastenflosser wurde 1938 von Professor Smith, einem Fischforscher in Südafrika, identifiziert. Er bot demjenigen, der ihm ein zweites Exemplar brächte, 100 £ Belohnung. Doch er mußte auf seinen Quastenflosser bis 1952 warten.

Moderner Quastenflosser

Auf Fossilienjagd

Es kann ein packendes Erlebnis sein, wenn man die fossilen Reste eines Wesens findet, das vor Jahrmillionen lebte. Schon mit einfachstem Werkzeug kann man Fossiliensuche als Hobby betreiben. Klippen am Meer, Steinbrüche und andere freiliegende Felsen in aller Welt bieten gute Möglichkeiten für Fossilienjäger. Doch man muß vorsichtig sein (Steinschlaggefahr etc.!). Mancherorts benötigt man zum Sammeln die Erlaubnis eines Eigentümers. Überall sollte man darauf achten, daß man nicht den Fundort zerstört.

Ein historischer Fund?

NOTIZBUCH
Man sollte immer die Gesteinsformation und den Fundort notieren.

HÄMMER
Mit einem geologischen Hammer kann man Steine spalten.

Geologischer Hammer

Hammer für Meißel

MEISSEL
Mit Hammer und Meißel kann man Fossilien aus dem Gestein lösen, in dem sie eingebettet sind.

SPACHTEL:
zum Herauskratzen von Fossilien aus weichen Ablagerungen, z.B. Sand

GEOLOGISCHE KARTE
Geologische Karten sind wichtig, um fossilienträchtiges Gestein ausfindig zu machen. Sie geben Aufschluß über Gesteinsalter und -formationen.

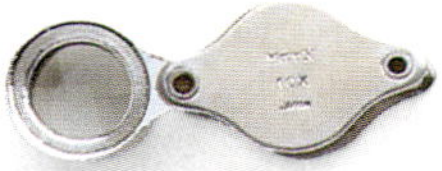

HANDLUPE
Eine kleine Handlupe (10-20fache Vergrößerung) ermöglicht eine genauere Betrachtung der Funde vor Ort.

PINSEL
Mit Pinseln kann man feines Sediment bei den Ausgrabungen entfernen.

Schutzhelm

Sieb zum Aussieben kleiner Fossilien

Muschel

Armfüßer

FREILANDARBEIT
Dieser Junge sollte lieber einen Helm tragen! Fossiliensammeln erfordert überhaupt große Vorsicht. Ein Schutzhelm ist unerläßlich, wenn man unter lockerem Gestein arbeitet. Einfacher ist es, schon verwittertes Gestein aufzusammeln.

FOSSILIENSCHUBLADE
Nach dem Reinigen mit Wasser sollte man Fossilien sorgfältig aufbewahren. Flache Pappschachteln eignen sich gut zum Aufbewahren der etikettierten Fossilien. Je mehr Sorgfalt man auf die Beschriftung der Funde verwendet, desto mehr hat man von einer solchen Sammlung.

Seeigel

Koralle

Seeigel

Ammonit

VERGRÖSSERUNGSGLAS
Eine größere Lupe oder ein Binokular sind wichtig für genauere Untersuchungen.

Feine Pinsel und Zahnarztinstrumente zur Fossilienpräparation

ETIKETTEN
Eine komplette Beschriftung der Fossilien ist wichtig: Name des Fossils, Gesteinsformation, genauer Fundort. Zur späteren Bestimmung kann man die Fossilien mit Klebeetikettnummern versehen.

OBJEKTTRÄGER
Kleine Fossilien kann man in Präparatekästen oder -mappen zur mikroskopischen Betrachtung aufbewahren. Sie sollten mit ungiftigem, wasserlöslichem Kleber befestigt und eventuell mit einem Deckglas abgedeckt werden.

Leinenbeutel für größere Fossilien

ZEICHNUNGEN
Diese Bücher halten in Bild und Text genaue Daten von Fossilien fest, die vor über 100 Jahren gesammelt wurden.

Plastikdöschen für kleinere Fossilien

Schutzbrille

Index

A

Adriosaurus, 45
Aepyornis, 53
Affen, 55, 58
Agassiz, Louis, 15
Ahorn, 39
Algen, 17, 18, 19, 24
Ammoniten, 6, 7, 13, 15, 16, 28, 29, 32, 63
Amphibien, 12, 13, 42, 43
Anning, Mary, 46
Apatosaurus, 48, 49
Araukarien, 36, 37
Archaeopteris, 37
Archaeopteryx, 52, 53
Archaeosigillaria, 36
Archelon, 44
Archimedische Schraube, 17
Armfüßer, 9, 12, 17, 24, 25, 63
Arthropoden, 30
Asphalt, 6, 21
Asteroiden, 32
Austern, 16, 26
Australopithecus, 58, 59
Axolotl, 42

B

Balanocidaris, 17
Baragwanathia, 36
Bärlappe, 36, 37
Baryonyx walkeri, 50, 51
Belemniten, 13, 17, 21, 29, 46
Belemnoteuthis, 21
Benthosuchus, 43
Beringer, Adam, 7
Bernstein, 6, 20
Beuteltiere, 55, 56, 57, 61
Beutelwolf, 57
Blastoiden, 33
Blütenpflanzen, 13, 33, 36, 38, 39
Bonifatiuspfennige, 33
Brachiopoden, 9, 12, 17, 24, 25, 63
Brachiosaurus, 49
Brückenechse, 44, 60
Buckland, William, 50
Burgess Shale, 20

C

Cainotherium, 54
Calymene, 30
Carcharodon, 34
Caturus, 35
Cephalaspiden, 34
Cephalopoden, 26, 28, 29
Chirodipterus, 35
Compsognathus, 52
Concoryphe, 30
Coniopteris, 37
Cope, Edward Drinker, 50
Crinoiden, 12, 32, 33
Cuvier, Georges, 14, 15
Cycadeen, 38

D

Dalmanites, 30
Deinosuchus, 45
Delphine, 46, 47
Dicranurus, 30
Didelphiden, 61
Dinosaurier, 6, 13, 44, 45, 46, 48, 49, 50, 51, 52, 54
Diplocaulus, 42
Diplocynodon, 45
Diprotodon, 56, 57
Discoglossus, 42
Donnerkeile, 17
Donnersteine, 16
Dudleykäfer, 30

E

Edmontosaurus, 48
Eidechsen, 20, 44, 45, 46, 60
Einhorn, 17
Eis, 6, 20, 54
Eiszeiten, 20, 54, 59
Elefantenvogel, 53
Elrathia, 30
Equisetites, 37
Equisetum, 37
Erdferkel, 54
Eryops, 43
Eugomphodus, 34
Eurypteriden, 31

F

Farne, 12, 36, 37
Fische, 12, 13, 15, 16, 18, 22, 24, 28, 34, 35, 36, 42, 43, 46, 51, 55, 56
Fischsaurier, 13, 44, 46, 47
Fledermäuse, 52, 55, 56
Foraminiferen, 41
Frösche, 20, 42, 43
Fußabdrücke, 6, 58
Fusinus, 27

G

Ginkgos, 60
Glossopteris, 37
Gondwana, 12, 37
Grand Canyon, 8
Graptolithen, 12
Grauballe, 21
Gryphaea, 16

H

Haie, 13, 14, 34
Herrentiere, 55
Herzigel, 33
Holz, 6, 36, 39
Homarus, 31
Hom, 13, 58, 59
Hoplophoneus, 55
Hummer, 30, 31
Hypsilophodon, 49

IJK

Ichthyosaurier, 13, 44, 46, 47
Ichthyostega, 42
Iguanodon, 50
Insekten, 12, 20, 30, 52, 54, 60
Iodites, 37
Ischyromys, 54
Jade, 36
Judensteine, 17
Käferschnecken, 26, 27
Känguruhs, 55, 56, 57
Katzenhai, 18, 19, 35
Knochenfische, 13, 35
Kohle, 37, 40
Konkretionen, 9, 35
Koniferen, 13, 37, 38, 39
Kopffüßer, 26, 28, 29
Korallen, 12, 22, 23, 32, 63
Krebse, 18, 19, 20, 28, 30, 31, 60
Krokodile, 43, 44, 45, 46, 48, 51
Kröten, 16, 42
Krötensteine, 16, 35

L

La Brea, 21
Leakey, Louis und Richard, 59
Leakey, Mary, 58
Leitfossilien, 7
Lepidostrobus, 36
Lepidodendron, 36
Lepidotes, 16
Libellen, 20, 52, 60
Lithostrotio, 22
Lucy, 59
Lungenfische, 35, 42
Lycopodium, 36

M

Makrele, 18, 19, 35
Mammuts, 17, 20, 21, 54
Mantell, Gideon, 50
Marsh, Othniel Charles, 50
Megalosaurus, 50
Menschen, 6, 13, 17, 20, 21, 23, 48, 55, 58, 59
Mesolimulus, 60
Miesmuscheln, 10, 11, 26
Moas, 21
Mollusken, 12, 25, 26, 27, 28, 29, 31, 34, 35, 46
Moorleichen, 21
Moostierchen, 18, 19, 24
Muscheln, 13, 15, 25, 26, 32, 63
Myrte, 38

N

Nacktsamer, 36, 39
Nadelbäume, 13, 37, 38, 39
Nager, 54, 56
Nautiloiden, 28, 29
Nautilus, 28
Neptunea, 27
Nipa, 38

O

Öl, 15, 40, 41
Olduwaischlucht, 59
Ophiuroiden, 32
Opossums, 61
Orthocerathoiden, 29
Orycteropus, 54
Owen, Sir Richard, 50

PQ

Pagodensteine, 29
Palaeophis, 44
Palaeotherium, 14
Palmen, 38
Pangaea, 12, 13
Pappeln, 39
Paradoxides, 30
Pelobates, 42
Pentacrinites, 33
Pekingmensch, 59
Perlboot, 28
Perlen, 26
Pfeilschwanzkrebse, 60
Pflanzen, 6, 7, 10, 11, 13, 33, 36, 37, 38, 39, 40, 41, 48, 60
Pilgermuscheln, 9, 18, 19, 26
Placentatiere, 54, 56, 57
Placôdermen, 34
Planorbis, 27
Plesiosaurier, 6, 13, 44, 46, 47
Pleurotomaria, 61
Pollen, 39
Pompeji, 20
Porana, 39
Porosphaera, 17
Potamotherium, 55
Primaten, 55
Proconsul, 55
Procoptodon, 57
Prophaëton, 53
Protoceratops, 49
Protoreaster, 32
Psaronius, 37
Pseudomorphosen, 6, 20
Pteranodon, 52
Pterodactylus, 52
Pterosaurier, 13, 44, 52
Ptychodus, 34
Quastenflosser, 60, 61

RS

Reptilien, 12, 44, 45, 46, 48, 50, 52, 53, 60
Rhamphorhyncus, 52
Rochen, 18, 34
Säbelzahnbeutler, 56
Säbelzahnkatzen, 21, 55
Sabal, 38
Samen, 39
Säugetiere, 13, 14, 44, 46, 52, 54, 55, 56, 57, 61
Schaben, 60
Schachtelhalme, 36, 37
Scheuchzer, Johann, 14, 36
Schildkröten, 44, 47
Schimpansen, 58
Schlammspringer, 42, 43
Schlangen, 16, 44
Schlangenhalssaurier, 13, 44, 52
Schlangensteine, 16
Schlangensterne, 18, 19, 32
Schlitzbandschnecken, 61
Schnabeltier, 56, 57
Schnecken, 12, 13, 15, 18, 19, 26, 27, 28, 61
Schwämme, 17, 18, 22, 25
Seeigel, 13, 18, 19, 32, 33, 63
Seelilien, 12, 32, 33
Seepocken, 30, 31
Seeskorpione, 31
Seesterne, 18, 19, 32
Smith, William, 15
Solnhofen, 20
Sparnodus, 34, 35
Spinnen, 29, 30, 60
Spondylus, 26
Stachelhäuter, 32, 33
Steinkerne, 6, 26
Steno (Stensen, Nils), 14
Strauße, 21, 53

T

Tausendfüßer, 30
Thamnopora, 23
Thylacosmilus, 56
Tintenfische, 21, 28, 29
Torf, 6, 40
Trilobiten, 6, 8, 12, 20, 30
Trionyx, 44
Tuatara, 44, 60
Tubina, 27
Turritella, 27
Tyrannosaurus, 49, 50

VW

Venericardia, 26
Vesuv,
Vögel, 21, 47, 52, 53, 54, 56
Walker, Bill, 50, 51
Weichtiere, 12, 25, 26, 27, 28, 29, 31, 34, 35, 46
Werkzeuge, 58, 59, 62, 63
Wombat, 56, 57
Wurmschnecken, 27

Bildnachweis

o=oben, u= unten, m=Mitte, l=links, r=rechts

Abt. Geowissenschaften der Universität Cambridge: 39mr
Aldus Archive: 53om; 54ul
Alison Anholt-White: 28ol
Ardea: 9ul; 21m; 42m; 42ul; 43o; 61om
Biofotos/Heather Angel: 26m; 31mr; 39ur; 44-5um; 60or
Bridgeman Art Library: 14mr;/
Musee Cluny/Lauros-Giraudon 17ol
Cleveland Museum für Naturgeschichte, Ohio: 59m
Bruce Coleman: 8ur; 22m; Jeff Foote 28or, 39m, 40m,/Fritz Prenzel 57or,/Kim Campbell 59ml
Simon Conway Morris: 20m
Mary Evans Picture Library: 13ml; 14ur; 15ol; 20m; 48o; 52ol; 54o; 54ur; 55o; 55mr; 55u; 62m
Vivien Fifield: 50ul
Geological Society: 46o
Geoscience Features Picture Library: 9or; 51ol; 51om; 51or
David George: 25m
Robert Harding Picture Library: 21or; 29m; 59u
Michael Holford: 12ol
Hutchinson Library: 24ol; 57mr
Mansell Collection: 26ol; 40u
Oxford Scientific Films: 44ul; 53ml; 44mr; 63ol
Ann Ronan Picture Library: 15om; 50ur
Science Photo Library: 58r
Paul Taylor: 19u
ZEFA: 20-21ul

Illustrationen: John Woodstock, Eugene Fleury
Bildredaktion: Kathy Lockley